QUATRE PORTRAITS

LAMARTINE
LE CARDINAL LAVIGERIE — ERNEST RENAN
L'EMPEREUR GUILLAUME II

SUIVIS DU DISCOURS PRONONCÉ

POUR LE CENTENAIRE DE L'INSTITUT

PAR

JULES SIMON

DEUXIÈME ÉDITION

PARIS

CALMANN LÉVY, ÉDITEUR

RUE AUBER, 3, ET BOULEVARD DES ITALIENS, 15

A LA LIBRAIRIE NOUVELLE

1896

QUATRE PORTRAITS

QUATRE PORTRAITS

LAMARTINE

LE CARDINAL LAVIGERIE — ERNEST RENAN

L'EMPEREUR GUILLAUME II

SUIVIS DU DISCOURS PRONONCÉ

POUR LE CENTENAIRE DE L'INSTITUT

PAR

JULES SIMON

DEUXIÈME ÉDITION

PARIS

CALMANN LÉVY, ÉDITEUR

RUE AUBER, 3, ET BOULEVARD DES ITALIENS, 15

A LA LIBRAIRIE NOUVELLE

1896

PRÉFACE

Je n'ai pas essayé de donner à ces quatre portraits un titre commun. Il n'y a aucune analogie entre les quatre modèles que je me suis proposé de peindre. Les autres volumes de portraits que j'ai publiés ont été écrits pour l'Académie des Sciences morales et politiques, et prononcés devant elle dans ses séances publiques. Ces quatre notices ont une origine toute autre. La première est le discours que j'ai prononcé au nom de l'Académie française pendant la célébration du centenaire de Lamartine à Mâcon. Les deux notices sur Renan et l'empereur Guillaume II ont été publiées dans *la Revue de Paris*. La notice sur le cardinal Lavigerie est extraite de la *Vie contemporaine*. Je les ai modifiées à quelques égards, et surtout je les ai développées pour les introduire dans ce volume. Il paraît tous les jours des mémoires et des articles de critique. Le jugement sur les hommes du XIXe siècle n'est pas encore fait. Il se fait pendant que nous écrivons; et lorsqu'on a fini son travail, on trouve à côté de soi toute une série de documents nouveaux. Autrefois, le mal dont se plaignaient les historiens était la disette de documents, ils se plaignent aujourd'hui de leur abondance.

M. Poirson est l'auteur d'une *Histoire d'Henri IV* qui n'est pas sans mérite. Quand il m'apporta son dernier volume, je lui dis, croyant bien faire, qu'il avait dû déchiffrer d'innombrables munuscrits.

— Je n'en ai pas touché un seul, me dit-il. Si j'avais entrepris de faire l'*Histoire d'Henri IV* par les manuscrits, je n'en serais pas encore au siège de Paris. J'ai lu tous les imprimés : et je vous assure que ma vie a été bien remplie.

J'avais rêvé d'écrire un autre volume de portraits, qui aurait compris Chateaubriand, Victor Hugo, le roi Louis-Philippe, M. Guizot et M. Thiers. Les deux dernières notices sont faites et publiées depuis longtemps. Malgré l'immense publicité dont tous les détails de la vie de Victor Hugo ont été entourés, je crois qu'après une intimité de plus de vingt ans, j'aurais encore trouvé quelques incidents à raconter, quelques nuances à signaler. Je suis loin d'avoir le droit de dire que j'ai connu le roi Louis-Philippe; mais enfin je l'ai approché. J'ai eu un jour avec lui une conversation qui a duré plus d'une heure, et dont j'ai raconté ailleurs l'occasion et le caractère. C'est Chateaubriand qui m'aurait gêné. J'ai vu de près, ne fût-ce qu'une fois, tous les personnages dont j'ai parlé; la plupart ont été mes amis. Mais Chateaubriand m'est inconnu tout à fait. Je l'ai vu bien souvent; je ne lui ai jamais adressé la parole. Je suis pourtant son compalriote. J'ai eu, à ce titre, quelques relations avec La Mennais; je n'en ai jamais eu avec Chateaubriand.

Des quatre portraits que je donne aujourd'hui (et je dois d'abord m'excuser de ce mot trop ambitieux de portraits; ce sont seulement des esquisses), de ces quatre portraits, dis-je, un seul est celui d'un ami. J'ai connu Renan en 1848, et je suis devenu son ami presque aussitôt. Sans avoir aucune liaison personnelle avec M. de Lamartine, j'ai eu de nombreuses occasions de le voir de près et de converser avec lui. Il en est à peu près de même du cardinal Lavigerie, pour lequel j'avais un respect très profond et qui, je le crois, avait pour moi de la bienveillance.

Je puis dire de l'empereur Guillaume II ce que je disais tout à l'heure du roi Louis-Philippe. Je l'ai seulement approché. Pendant mon séjour à Berlin, j'ai été reçu quatre fois à la cour, et j'ai eu, avec l'empereur, deux longues conversations. Je pourrais presque dire que c'étaient des conversations tête à tête,

quoique la première ait eu lieu au milieu
d'une table entourée de nombreux convives.
L'empereur avait à sa gauche l'impératrice,
parce que les souverains et les souveraines ne
se font pas vis-à-vis comme nous autres simples
mortels; ils sont placés côte à côte. M. de
Moltke était en face de l'empereur; l'empereur
m'avait fait mettre à sa droite, et causa uniquement avec moi pendant tout le dîner. Je
suis en état de décrire très exactement sa
personne physique, et je crois avoir sur sa
personne intellectuelle et morale quelques
données que la lecture des journaux ne
m'aurait pas procurées. Mais, je le répète,
je ne suis guère qu'un passant. Je n'ai fait
qu'entrevoir cette curieuse et attachante figure.
Mon seul mérite, comme peintre, est ma
complète impartialité. Je ne sais vraiment pas
si l'impartialité poussée aussi loin que je le
fais est une qualité ou un défaut. Je ne suis
pas né impartial; je le suis devenu. La justice
que je rends aux grandes qualités de l'empereur Guillaume ne m'empêche pas d'être un

ardent patriote, et de considérer la perte de l'Alsace et de la Lorraine, non seulement comme un malheur pour la France et pour l'Europe, mais comme une infortune qui me serait personnelle.

La notice sur l'empereur est la seule que je reproduise textuellement, sans y rien changer, y rien ajouter, en rien retrancher. Je l'ai fait suivre d'un article sur l'empereur de Russie, parce que, dans toutes mes publications, livres, revues et journaux, j'ai un but que je ne cesse de poursuivre : la paix entre les hommes et entre les peuples. J'ai vu la fin de la triplice (car elle n'est plus), je verrai peut-être la fin de la paix armée, dont la triplice était le triomphe. Dieu veuille qu'elle finisse, non par une catastrophe, mais par la raison et la justice !

M. de Vogué signalait dans *le Figaro* le nombre d'écrits dont Lamartine est redevenu l'objet après une éclipse de quelques années. Ce sont les lettrés qui l'oubliaient; car, si j'en crois ses derniers éditeurs, le public lui restait fidèle. Enfin, ce qui est certain, c'est qu'il n'a jamais plus été admiré et plus aimé qu'aujourd'hui. Le retour à la gloire et à la popularité est postérieur aux fêtes du centenaire. Je ne vois pas que M. Deschanel, qui a publié deux très beaux et très attachants volumes sur Lamartine, ni M. Lemaître, qui vient de lui consacrer onze articles dans *le Journal des Débats*, rappellent que le mouvement a été donné d'abord par la ville de Mâcon et l'Académie de Mâcon. Une ovation est plus éclatante quand elle a lieu à Paris. Le cercueil de Victor Hugo est resté vingt-quatre heures sous l'Arc de Triomphe. Il a été suivi par un peuple entier. La majesté de cette immensité était telle que les pompes officielles disparaissaient comme de vains oripeaux attachés à une belle statue. Mâcon n'est pas même au premier rang parmi nos villes de province. Je vous réponds que, le jour du centenaire, il rivalisait au moins avec Paris. La foule était grande parce que le département tout entier, et les nombreuses académies du midi de la

France étaient venus. Nous n'étions que six cents au banquet, parce qu'il faut trouver des emplacements, et qu'une table de six cents couverts est difficile à dresser, même à Paris. On ne peut trop répéter que les organisateurs de la fête avaient fixé la cotisation à un chiffre minime, pour que ce fût bien la fête de tous, qu'ils avaient exempté les plus pauvres, et que les plus pauvres réclamèrent le droit de payer. Ce qui dominait toute cette cérémonie, ce n'était pas l'admiration, c'était l'amitié. Beaucoup de ces paysans n'avaient jamais lu un vers de Lamartine, et savaient à peine ce que c'est qu'un vers. Beaucoup n'avaient entendu qu'un écho lointain et, pour eux, difficilement appréciable des événements de Paris en 1848. Tous savaient que Lamartine était le bienfaiteur de la contrée et l'honneur de la France.

Dans le discours de clôture que j'ai prononcé, je me suis réjoui d'avoir assisté à une fête spiritualiste. J'avais un autre sujet de joie que je n'ai pas dit à ce dernier moment. C'était la fête de la justice et de la réconciliation. Un grand évêque mêlait sa voix à la nôtre. Tous les rangs et tous les partis se confondaient dans un même sentiment de reconnaissance.

Les partis, qui ne voient que leurs intérêts, ont pu chercher querelle à Lamartine. Moi-même j'aurais des réserves à faire sur l'opportunité et le rôle des Girondins. Quel parti oserait aujourd'hui ou le quereller, ou le revendiquer? Son rôle politique est tout entier dans cette glorieuse semaine où il a défendu la civilisation, seul contre un peuple. L'homme a été grand et bon ; mais l'homme disparaît dans le poète, et l'humanité met Lamartine au nombre des plus grands poètes qui l'ont enchantée sur la terre et ravie vers le ciel.

On a dit de Lamartine qu'on pourrait faire l'histoire de Lamartine après sa mort. Le mot serait encore plus vrai du cardinal Lavigerie. On connaissait durant sa vie son infatigable activité. On savait qu'il y avait là-bas, en Algérie, un évêque toujours en mouvement, confondant l'avenir et les inté-

rêts de l'église avec ceux de la France, fécond
en projets, persévérant dans ses œuvres, incapable de reculer ou de céder, gouvernant son
clergé comme un père, mais comme un père
qui, ne connaissant pas d'obstacle, n'admet
pas la désobéissance. Mais ses conquêtes
étaient des conquêtes spirituelles, dont la
France a peu de souci. Tout se passait aux
extrémités du territoire français, c'est-à-dire
au bout du monde : on n'avait pas encore
découvert l'Afrique, qui n'est conquise que
moralement, et ne l'est que depuis quelques
années. Lavigerie n'entra en contact avec la
métropole que par deux grands événements :
il prononça, devant une réunion d'officiers
un discours d'adhésion à la république ; il
prononça à Saint-Sulpice un discours où il
révélait au monde les horreurs de la traite des
noirs. On peut presque dire qu'il en révéla
l'existence, car tout le monde s'efforçait de ne
pas la voir, et s'accordait pour ne pas la
combattre. Il entra ainsi de deux côtés à la
fois dans le courant de la vie mondaine. Il

amenait l'Église à la république; il rendait à la France son ancien rôle de protectrice. universelle. C'est au lendemain de ces deux coups d'éclat que la mort vint le prendre.

Elle le prit trop tôt. L'élan était donné. Il n'était pas assez fort pour qu'on pût se passer de l'initiateur. Lavigerie manquait à Lavigerie. Il fut évident que le cardinal n'avait fait qu'obéir au pape; mais ce que pouvait un cardinal français le pape ne le pouvait pas dans la même mesure. Il parlait de plus haut mais de plus loin; avec plus de majesté, mais avec plus de mesure. Il y eut contre lui-même, contre le vénéré Léon XIII, une sorte d'insurrection. On commença par discuter sa participation à l'œuvre de Lavigerie. Quand il eut dissipé tous les nuages, on s'écria qu'il ne parlait pas, en ces matières, comme pontife infaillible, mais comme prince sujet à l'erreur. L'histoire dira quel art consommé il déploya pour obtenir au moins le silence et une sorte d'obéissance passive. Les dissidents se rejetaient sur Lavigerie, et bientôt sur la mémoire de Lavigerie. On déversait sur lui des colères qui, au fond, avaient le pape pour objet. Il aurait sans doute tenu tête à ces violences; mais elles avaient une conséquence inattendue et douloureuse. Ses frères blancs, ses sœurs blanches, ses sociétés anti-esclavagistes ne vivaient que par des souscriptions et des oblations volontaires. Cette source en un clin d'œil cessa de couler. Le trésor de la charité se vida. Le cardinal tremblait pour la durée de ses entreprises quand il mourut.

Elles vivront sans doute. Il avait autour de lui de véritables héros. L'un est évêque de Carthage, l'autre d'Alger; d'autres sont évêques de pays sauvages où ils sont exposés tous les jours aux supplices et à la mort. Les sociétés anti-esclavagistes subsistent. Celle de Belgique est très florissante. Celle de Paris, dont je suis le président, a pour président d'honneur mon confrère à l'Académie, et mon ancien élève à l'École normale, monseigneur Perraud évêque d'Autun et aujourd'hui cardinal. Le directeur de la Société est monseigneur Jourdan, de la

Passardière qui a été plusieurs années évêque auxiliaire de Tunis sous monseigneur Lavigerie. M. Wallon, M. Georges Picot, M. le duc de Broglie, M. Lefèvre-Pontalis participent activement aux soins de la présidence et de l'administration. Nous publions, comme l'association belge, un bulletin de l'œuvre où l'on rend compte de la situation de nos colonies africaines. Ce bulletin est confié aux habiles mains de M. Marbeau. C'est le meilleur moniteur des événements importants qui préparent une Afrique nouvelle. Nous sentons chaque jour combien le cardinal nous manque. Lui seul pouvait échauffer les tièdes, retenir les hésitants, et créer des ressources.

L'œuvre de la soumission du clergé, plus difficile en soi, mais qui n'a pas besoin d'être alimentée par la charité, marche avec plus de rapidité et de succès. L'église de France a enfin compris qu'on ne lui demande pas de faire de la politique; on lui demande, au contraire, de ne pas en faire. Se soumettre à la loi, c'est ne pas faire de politique; mais bouder le gouvernement, expliquer en toute occasion qu'on ne se soumet qu'à la force, c'est-à-dire qu'on ne se soumettrait pas si on croyait être en état de résister efficacement, c'est faire de la politique au premier chef. Je n'examine pas ici la politique de nos législateurs. Si je le faisais, je leur demanderais de rendre compte des mesures vexatoires et cruelles qu'ils ont jugé à propos de prendre au moment même où le clergé revenait de tous côtés, et où cette grande force morale cessait d'être hostile au gouvernement régulier du pays. La loi d'accroissement répond au même ordre de passions que le défunt article 7 et les décrets contre les congrégations. Elle a, quoiqu'à un degré inférieur, les mêmes conséquences. L'œuvre de pacification est entre les mains des hommes politiques. Le cardinal Lavigerie a fait, peut-être au prix de sa vie, tout ce qu'il y avait à faire du côté de l'Église.

Qui aurait dit que Renan aurait aussi son histoire posthume? Il vivait au grand jour, disant ou écrivant à mesure tout ce qu'il pensait. On répétait tous ses mots; on s'arrachait le moindre de ses écrits. Il faisait des cours publics, il prononçait des discours d'inauguration. L'Académie le chargeait très souvent de recevoir ses nouveaux membres. C'était une fête pour le public de le voir et de l'écouter. Quoiqu'il commençât à vieillir, qu'il fût goutteux et envahi par l'embonpoint, il aimait le monde, il acceptait volontiers les invitations. Ses œuvres proprement dites sont très volumineuses. Car non seulement il se livrait ainsi, et à plusieurs mondes à la fois, mais il aimait à se raconter, à recueillir ses souvenirs d'enfance et de jeunesse, à faire ses confessions en public. Sa nature le portait à cette continuelle expansion, et il y était aussi attiré par le succès. Toutes ses confidences étaient accueillies avec faveur. Elles l'honoraient, elles le grandissaient, elles l'amusaient, de telle sorte que dans les salons, les académies et les amphithéâtres tout le monde était prêt à jurer qu'il savait son Renan par cœur.

Renan, oui peut-être; mais non pas sa sœur

Henriette, et Renan sans la sœur Henriette
n'est qu'un Renan incomplet. Elle tenait plus
de la moitié de son cœur. Il était Breton,
comme vous savez, et les Bretons sont par-dessus
tout des hommes de famille. On a publié
récemment un charmant petit opuscule écrit
par lui après la mort de cette sœur chérie,
tiré d'abord à un très petit nombre d'exemplaires, et qui fut donné seulement à ceux
qui l'avaient connue. Cette courte brochure
était tout simplement un chef-d'œuvre. On la
lui demandait de toutes parts, mais il était
inflexible. J'ai lu la collection de ses ouvrages
qu'il a pris la peine de réunir pour moi et de
mettre en ordre. Il n'y manquait que le petit
livre. La librairie Calmann Lévy vient d'en
donner une édition qui est à proprement parler
la première. Ce livre raconte autant Renan
qu'Henriette. Enhardi par le succès, qui a été
considérable, ses amis ont eu l'idée de publier
sa correspondance avec Henriette. Voilà des
lettres d'autant plus curieuses qu'elles ont été
écrites sans aucune préoccupation de publicité.

Elles sont restées bien longtemps dans l'obscurité puisqu'il a dû les écrire à vingt-quatre ans. Disons d'abord qu'elles attestent une maturité d'esprit extraordinaire dans un âge si peu avancé, et chez un homme qui ayant vécu presque constamment dans un séminaire, ne connaissait guère du monde que ce qu'il en avait pu deviner. Le style est très bon; simple, clair, élégant, élevé et tendre quand il le faut; enfin du style de Renan, ce qui est tout dire. Il n'avait pas encore arrêté sa manière et laissait courir sa plume sur sa bonne foi; elle n'en allait peut-être que mieux. Cette correspondance roule sur le plus délicat de tous les sujets. Renan y débat sous toutes ces faces ce redoutable problème : Dois-je me faire prêtre?

A l'époque où je l'ai connu, c'est-à-dire en 1848, il ne pensait pas encore à autre chose. Il portait encore la soutane; mais elle commençait à le brûler comme la robe de Nessus. Il eut avec moi sur ce sujet deux longues conversations dans lesquelles il me dit tout;

les grosses raisons comme les petites. J'ai cru longtemps que les petites tenaient plus de place dans sa détermination que les grosses. Je me trompais. En me parlant, il savait qu'il parlait à ses parents et à ses amis, qui tous m'étaient connus, et il me disait ce qu'il croyait propre à faire impression sur eux. Depuis, il m'a souvent parlé de ses professeurs de Saint-Sulpice qu'il aimait et révérait beaucoup; quelquefois de ses condisciples, dont plusieurs sont devenus illustres; jamais de son changement de carrière. Il semble qu'il n'en ait connu l'importance qu'au moment où il l'accomplissait, et qu'il n'y ait vu ensuite qu'une simple évolution de sa pensée.

Je conseille à tous ceux qui aiment les études psychologiques de lire cette correspondance. Ce n'est pas du tout une tempête sous un crâne. Renan n'est pas agité de mille passions furieuses. Il souffre beaucoup; il est en proie à la plus vive anxiété; mais il conserve son sang-froid; il expose le pour et le contre avec une parfaite lucidité, en restant constamment maître de lui. Comme je le disais tout à l'heure, il donne les petites et les grosses raisons, mais il les apprécie les unes et les autres à leur véritable valeur. Au fond, il n'est préoccupé très sérieusement que de ces deux questions : Ai-je la foi? car si je ne l'ai plus, si je n'ai plus la foi complète, absolue, fervente, je ne puis en conscience et en honneur garder cet habit. Il n'y a rien à dire après cela, si la foi a disparu. Une seconde question le troublait : Que dira ma mère? Et tout de suite venait le long cortège des sophismes. Je crois les grands dogmes, je ne suis séparé que sur des points de moindre importance. Je ne promets que des actes conformes à mes opinions et même à mes goûts. Ce que je ferai en vertu de mes vœux, je l'aurais fait en vertu de mes opinions et de mes inclinations. Il répété et développe tous ces arguments dans sa correspondance avec Henriette. Il n'est pas question pour lui d'exercer le ministère spirituel; mais de vivre en bénédictin s'il le pouvait, loin du monde dans une bibliothèque, en

éclairant par ses recherches des points d'histoire et de théologie. Il s'exalte à cette pensée. C'est mon rêve, dit-il. Henriette semble
quelque temps le partager; et même, comme
la vaillante fille a une place d'institutrice dans
une bonne maison étrangère qui lui a permis
de faire des économies, elle pense aussi qu'elle
pourrait lui trouver à lui-même une place de
précepteur. « Cherchez, » dit-il.

Mais ce ne sont que des rêves, et il me semble qu'ils le comprennent eux-mêmes dans le
dernier fond de leur conscience. Henriette est
la première à se réveiller. « Non, dit-elle, c'est
une barrière infranchissable. Si seulement vous
doutez, il faut reculer. » Renan, dont les hési-
tations n'étaient que de surface, prend enfin
son parti et tout de suite « que va dire ma
mère? » La mère était une Bretonne de bonne
trempe, incapable d'admettre des faux-fuyants
et des équivoques. Elle supporta le coup avec
courage. Renan put enfin respirer. Il n'appartenait plus qu'à la science.

Je ne vois plus dans tout cela la trace de

l'abbé Mignot, qui avait tenu une si grande place dans sa première conversation avec moi. C'était un proche parent, un oncle peut-être, qui avait payé les frais de l'éducation de son neveu dans le but nettement exprimé d'en faire un prêtre. Le récit qu'il me fit et le silence qu'il garde ensuite me confirment dans la pensée, que dans les deux heures que nous passâmes dans mon cabinet, il parlait à moi et pensait à d'autres.

J'ai dit que ces publications nouvelles changeaient quelque chose à l'idée que nous nous étions faite de Renan. Il est bien, après ce livre, ce qu'il était avant. On le retrouve avec tous les éléments de son caractère ; mais ces éléments prennent une importance et une valeur nouvelles. On voit mieux combien était profonde sa tendresse pour sa mère et pour sa sœur. On rend mieux justice aux sentiments que je pourrais appeler des sentiments d'honneur philosophique qui lui dictèrent sa conduite. J'ai insisté de nouveau, dans la notice qu'on va lire, sur toute cette histoire de sa conversion, parce

que c'est en même temps l'histoire d'une partie
de ses contemporains, et surtout de la génération qui l'a précédé et qui avait été élevée à
l'école du génie du christianisme. Nous ne por-
tions pas la soutane, et nous ne nous destinions
pas à la vie sacerdotale; mais nous étions
croyants et même dévots, et nous eûmes, comme
Renan, une période de transition à traverser.
Le scepticisme nous envahit presque tous, et
aboutit assez rapidement à l'indifférence en
matière de religion. Cette indifférence eut deux
formes, la forme brutale qui consiste plutôt à
ne pas penser ni à nier, et qui pourtant, à y
regarder de près, équivaut à une vaste négation
embrassant Dieu, l'âme humaine et la vie à
venir; et la forme raffinée d'un scepticisme
qui ne nie pas, qui n'affirme pas non plus, et
qui est bien véritablement un scepticisme,
puisque le scepticisme est le doute, qui permet de rêver la foi, puisqu'après tout, il ne
nie pas, qui s'en donne les voluptés en même
temps que l'apparence, qui se fait à lui-même
une religion, comme le Vicaire savoyard, mais

qui, à la différence du Vicaire savoyard, supporte tout, n'affirme rien, et croit se grandir et s'émanciper en n'affirmant pas. Les poètes du vol de Lamartine s'appuient sur une foi solide. Ils rêvent aussi ; mais leur sommeil est gardé par de bons anges. La différence entre eux et les philosophes spiritualistes est qu'ils devinent ce que les philosophes découvrent. Ajoutons pour les poètes la lyre d'or.

Je connais des républicains qui affectent de traiter les rois comme de simples mortels. La première république française, qui mêlait tant de petitesses à tant de grandeur, inventa de donner à Louis XVI le nom de Capet. Ce n'est pas un travers particulier aux républicains, car le gouvernement anglais, après que l'empereur se fut livré volontairement à lui, prescrivit à tous ses agents de ne lui donner que le titre de général. Pour toute personne sage, un roi représente son peuple, et les honneurs qu'on lui rend sont rendus en réalité au peuple qu'il représente. La France républicaine rend les honneurs royaux aux princes qui viennent la visiter. C'est la règle, et c'est le bon sens. L'empereur d'Allemagne n'a pas été consulté quand l'Allemagne a déclaré la guerre à la France. Il n'a pas été consulté quand le traité de Francfort a été signé. Il détient nos deux provinces en vertu de sa charge. Il ne peut nous les rendre quand il le voudrait. Il ne pourrait que proposer au Reichstag de nous les rendre. Il est plus que probable qu'une proposition pareille faite aujourd'hui, aurait pour conséquence une révolution. Guillaume II en plusieurs circonstances, notamment à la mort de M. Carnot a fait des avances à notre pays. Il est personnellement sympathique. Il a reçu une éducation supérieure dont il a bien profité. Il parle le français dans la perfection, il est aussi au courant de notre littérature que de notre situation politique. S'il fait de la musique, il a le droit plus que tout autre de penser qu'on peut être à la fois un grand homme d'État et un artiste. Il a émerveillé les marins et les officiers par une conférence qui était un acte politique, et dans laquelle il a développé une science et une éloquence qui suffiraient pour faire la réputation d'un particulier. C'est certainement un homme. Notre temps n'a pas de figure plus curieuse.

Ce qui nous intéresse surtout en lui, c'est la grande éventualité qui peut se produire dans sa destinée. Supposez qu'il nous fasse un jour la guerre et qu'il l'emporte sur nous, il deviendra un grand empereur, comme il y en a tant dans l'histoire. Il peut aussi être vaincu ; mais même alors il ne serait pas détruit, car je le répète, c'est un homme. Il peut aussi concevoir comme Alexandre III une grande pensée, y travailler longtemps avec ténacité et habileté, devenir maître de son peuple, et se servir enfin de cette puissance qui serait énorme, pour l'émancipation de l'Alsace-Lorraine. S'il fait cela, il rendra au monde le service le plus signalé que le monde ait jamais reçu. Non seulement il donnera la paix, mais il supprimera la menace persistante de la guerre. Il enrichira le genre humain. Il donnera aux

arts et à l'industrie les ressources que leur
enlève chaque année la préoccupation de la
guerre. Il rétablira la justice. Il fera de l'amour
de la patrie un sentiment vrai et une pensée
juste. Il sera à son tour le grand empereur ;
mais sur le rang d'Auguste et même en le
dépassant.

Je ne dis pas qu'il fera cela. Je ne dis même
pas qu'il est probable qu'il le fera. Je dis qu'il
est possible qu'il le fasse, et, si l'on veut, qu'il
n'est pas impossible qu'il le fasse. J'ajoute,
comme le plus grand éloge qu'on puisse lui faire,
qu'il me paraît digne de le vouloir un jour.
C'est pour cette raison, plutôt psychologique
que politique, je l'avoue, que j'aurais voulu
être à même de l'étudier. Je n'ai fait que l'entrevoir. L'histoire changera ce portrait. Il aura
été vrai à son heure. Il a au moins le mérite
d'être impartial et sincère.

JULES SIMON.

LE CENTENAIRE DE LAMARTINE

2.

LE CENTENAIRE DE LAMARTINE

I

Il y eut, dans l'Assemblée nationale, trois poètes : Béranger, Victor Hugo, Lamartine.

Béranger avait été longtemps, il était encore, comme chansonnier, l'idole du pays. On l'admirait, et on l'aimait. Ses chansons avaient un peu perdu de leur vogue ; elles avaient gardé toute leur renommée. Il passait, parmi ses amis, pour un homme d'un grand sens, même en politique. Il fut élu malgré lui. Il sentit sur-le-champ qu'il n'y avait pas de place pour des chansons dans cette assemblée ; qu'il était hors d'état d'aborder la tribune ; qu'un ministère, s'il était condamné à gouverner, le détruirait de fond en comble dans l'esprit public, qu'il n'avait ni goût ni aptitude pour le métier de ministre ni pour celui de représentant, qu'il demeurait un poète de haut mérite en sortant de l'Assemblée, et qu'il ne serait plus, s'il y restait, qu'un député vulgaire. Tout le monde l'approuva de donner sa démission. Tout le monde la refusa. Il insista, on le laissa partir. Ce poète était un sage.

Victor Hugo fut quelque temps à chercher sa voie. Le gouvernement des esprits le tentait. Déjà en 1834, quand J.-J. Ampère avait donné sa démission, il avait posé tout à coup sa candidature pour être professeur de belles-lettres à l'École normale. Il avait pour concurrents Sainte-Beuve et Nisard. Le gouvernement préféra Nisard. En 1848, il voulut être ministre de l'instruction publique ; on lui préféra Freslon. Il renonça dès lors à prendre part à la vie active comme un simple mortel, et prit le rôle de plénipotentiaire de la poésie auprès de la politique. Il apparaissait seulement dans les occasions solennelles, pour parler le langage de la morale ou de la pitié. Après le coup d'État, il fut le vengeur.

Lamartine est le seul qui joua véritablement un rôle politique. Il laissait volontiers entendre qu'il avait autant d'aptitude pour la politique que pour la poésie. On en souriait. On parlait de M. Ingres, qui se croyait un grand artiste sur le violon. Il était député depuis longtemps; il parlait souvent, car il avait au plus haut degré le don de la parole. On l'écoutait avec déférence à cause de ses vers. Les maîtres de forges et les filateurs de coton, qui peuplaient les bancs de la Chambre, se disaient entre eux que la véritable discussion commencerait quand ce rêveur aurait fini de parler. Il était un peu socialiste, en ce sens qu'il avait grand souci des déshérités. Ne sachant où le classer entre Garnier-Pagès (l'aîné) et Odilon-Barrot, on créa pour lui le parti social, dont il fut déclaré le chef, et qu'il formait à lui tout seul. Cette situation d'isolé lui convenait. Il ne pouvait pas avoir un chef; il lui était difficile d'avoir des soldats.

Je laisse à l'histoire le soin de juger sa conduite à la veille de la révolution. Il contribua puissamment au renversement de la monarchie. Quand on créa le gouvernement provisoire par une sorte d'acclamation, son nom se trouva sur toutes les listes.

Nous, qui n'étions que les spectateurs des événements, et qui pouvions en être les victimes, nous attendions anxieusement les noms de nos maîtres. Je ne puis rapporter que l'impression produite dans mon milieu, qui était un milieu de républicains modérés. Albert, l'ouvrier, nous effrayait profondément, le pauvre garçon. C'était l'inconnu, et c'était aussi la menace. Louis Blanc avec ses conférences du Luxembourg, nous faisait peur ; mais nous craignions par-dessus tout Ledru-Rollin, qui semblait annoncer la résurrection des Jacobins. On riait de Marrast, on rougissait de Flocon, on supportait sans trop se plaindre Marie et Garnier-Pagès. Crémieux paraissait plus singulier et plus inquiétant. Mais toutes les aspirations allèrent d'abord à François Arago et à Lamartine. On ne dit pas : ces deux-là sont grands, l'un par la science, l'autre par la poésie. Il s'agissait bien de ces grandeurs-là ! On dit de tous côtés : ils sont honnêtes.

Cela voulait dire : ils nous rassurent.

martine. On ne dit pas : ces deux-là sont grands, l'un par la science, l'autre par la poésie.

II

Nous avons un proverbe qui dit : On ne
prête qu'aux riches. Nous ne disons, pas, et
pour cause, on ne vole que les riches. On m'a
beaucoup volé, quoique je sois pauvre : on
m'a volé des idées, des actes, des mots, et
même de l'argent.

Parmi les objets qu'on m'a volés, il n'y en
a pas que je regrette plus amèrement qu'un
petit bouquin, couvert de papier à ramage
blanc et bleu, qui n'était rien moins que
l'édition anonyme des *Méditations*, portant sur
la première page ces deux lignes de la main
de Lamartine : *Au meilleur des oncles, Alphonse.*

Cet oncle était un chanoine, son oncle maternel qui lui laissa sa fortune, à condition qu'il prendrait son nom. L'éditeur annonçait dans une sorte de préface ou d'avant-propos que, « si ces vers étaient du goût du public, l'auteur en avait d'autres en portefeuille qu'il se déterminerait peut-être à faire paraître. » Cette plaquette, qui fut du goût du public, comme on sait, parut en 1820. L'auteur avait trente ans. Victor Hugo en avait dix-huit.

C'est avec cette modestie que furent introduits dans le monde un de nos plus grands poètes et un genre nouveau de poésie française. Lamartine était classique dans la forme, car il parlait, en l'assouplissant, la langue du grand siècle, et romantique dans le fond, car, sans s'arrêter aux conventions et aux règles établies, il peignait la nature telle qu'il la voyait ou plutôt telle qu'il la sentait. Il n'eut jamais l'idée de fonder une école ni de soutenir une controverse. Son âme portait les beaux vers, comme un arbre porte les fruits et les fleurs. Aucun poète n'avait touché les cœurs aussi profondément, ni découvert dans les cieux étoilés de si vastes espaces. L'enthousiasme et l'émotion s'accrurent encore par les *Harmonies*, le *Voyage en Orient* et *Jocelyn*, où la religion, que Chateaubriand avait montrée si grande dans ses splendeurs, parut plus grande encore dans ses consolations.

On apprit avec étonnement qu'un collège électoral (celui de Dunkerque) avait eu l'idée de transporter le poète dans la politique, et qu'il avait accepté.

A la Chambre, il ne s'attacha à aucun parti ou plutôt il vit plus haut et plus loin que les partis. Il traita avec un parfait dédain les querelles de personnes, et n'accepta le pouvoir que comme un moyen de faire du bien aux déshérités. Il refusa de s'associer, en 1839, à la coalition contre Molé, et en 1847, à la coalition contre Guizot. Mais tout en refusant de pousser à une révolution, il ne pardonnait pas à Louis-Philippe d'en être une. Il lui reprochait d'avoir éludé l'élection après avoir détruit l'hérédité ; d'avoir trop fait contre la tradition et trop peu pour le peuple. Il a dit un jour à la tribune :

« Je n'ai jamais ni désiré ni tramé la grande révolution qui a éclaté sous nos pas en 1848. »

Il l'a un peu aidée par ses discours, et plus encore par son *Histoire des Girondins*. Histoire ? Non ; c'est plutôt un roman, ou, si vous voulez, un poème, mais un poème qui a rendu la République populaire sous la monarchie. Il a soin de constater que quand il s'est laissé porter au pouvoir, le roi auquel il avait prêté serment avait disparu. Il fallait à la France une égide contre le néant. Il sentit, dès la première heure, que la France conservatrice était avec lui. Il se dévoua à la sauver.

A peine était-il à l'Hôtel de Ville que la terreur accourut avec son drapeau sanglant. Il se leva seul, non pas contre un peuple, mais contre ce qui reste de sauvage et de barbare dans un peuple civilisé. Il n'avait rien, ni soldats, ni mandat. Ses collègues mêmes étaient divisés, car on avait fait une part au jacobinisme et au socialisme dans le gouvernement provisoire. Son éloquence arrêta l'émeute sur la place de l'Hôtel-de-Ville et enchanta la France et l'Europe. Il commença ce jour-là sa double incantation. Pendant deux mois, nous vécûmes de lui et par lui. Son courage fut une digue suffisante pour nous préserver du communisme et de l'anarchie. Il dompta la révolution au point de la rendre tolérante en matière religieuse.

Et quelle fut la fin? *Quomodo cecidit potens?* Il ne voulut pas séparer sa fortune de celle de ses compagnons dans le gouvernement. Cela suffit pour l'abattre. Celui qui, en mai, aurait été élu président avec une majorité formidable, réunit à peine dix-huit mille voix, huit mois après. Il ne fut pas réélu à la Législative.

Il était pauvre et réduit à travailler pour vivre. Il mourut dans une sorte d'isolement. Chateaubriand avant lui était mort dans la pauvreté. Il n'y a pas à blâmer leurs contemporains. L'un et l'autre l'ont voulu. Lamartine surtout n'avait qu'à consentir. Il tint à payer par son travail des dettes contractées par sa charité. Rien ne lui a manqué de ce qui honore le plus l'humanité. Il a montré à la poésie des voies nouvelles. *Avia Pieridum*. Il a tenu tête à une Révolution. Il a jeté à pleines mains l'argent qu'il avait et même celui qu'il n'avait pas. Il entre autant d'amitié que d'admiration dans la gloire qui l'environne. Il fut clément envers le malheur et envers la mort. Jamais il n'avait injurié un ennemi; il n'avait abusé contre personne de la victoire; il accepta la défaite presque avec orgueil; il subit l'injustice avec indifférence. Il traversa toutes les classes de la société sans jamais contracter une souillure et fut mêlé à toutes les polémiques des partis sans rien perdre de sa dignité personnelle et de la noble sérénité de sa pensée.

III

J'ai assisté au centenaire de Lamartine.
Il avait été convenu qu'on ne dirait pas un
mot de politique et qu'il serait uniquement
question du poète. En conséquence nous avons
tous répété l'un après l'autre, qu'il était le
fondateur de la République.

Nous savions tous par cœur son *Ode à
Napoléon*. Elle est splendide :

Ah ! si rendant le sceptre à ses mains légitimes,
Plaçant sur ton pavois de royales victimes,
Tes mains des saints bandeaux avaient lavé l'affront,
Soldat vengeur des rois, plus grand que ces rois mêmes
De quel divin parfum, de quel pur diadème,
    La gloire aurait sacré ton front !

Lamartine a commencé par être légitimiste, et il est arrivé peu à peu à la République.

De même Victor Hugo. Il raconte qu'il a été d'abord bonapartiste, puis légitimiste, puis orléaniste. Il est devenu républicain sous le second Empire.

Je me trouvais chez lui à Bruxelles, lorsqu'on lui annonça une députation d'étudiants, dont l'orateur le loua, entre autres choses, de la magnifique unité de sa vie.

— Vous tombez bien, dit-il. Voilà justement un de mes amis qui m'a connu légitimiste. Mais, ajouta-t-il avec beaucoup de noblesse, je n'ai jamais ni caché, ni voilé ma pensée ; et j'ai toujours marché vers le soleil.

Si l'on était obligé d'avoir toujours une opinion parce qu'on l'a eue autrefois, je ne sais plus ce qu'on appellerait le progrès. Ce n'est pas une gloire pour un homme d'avoir longtemps vécu sans avoir rien appris.

L'orateur, en montant à la tribune, se persuade qu'il modifiera la majorité. Il ne se donnerait pas la peine de parler, s'il n'avait pas cette espérance. Il dit à ses auditeurs : « Je vous estime assez pour croire que vous changerez d'avis quand vous aurez entendu mes bonnes raisons. » Il ne les croit pas déshonorés quand ils se déclarent convertis.

Il y a beaucoup de vérité dans la doctrine des légitimistes. C'est la société calquée sur la famille. Il y a surtout beaucoup de poésie. Cette vérité et cette poésie ont été exprimées avec une magnificence admirable par les deux grands poètes de ce siècle. Puis ils ont prêté l'oreille aux enseignements de l'histoire. Ils ont compris que l'humanité était entrée dans l'âge adulte, et que la tutelle des rois, nécessaire et salutaire au commencement, devenait presque sacrilège quand elle semblait s'imposer à la raison consciente de sa force. Même à l'âge de la foi, Lamartine était préoccupé du sort des travailleurs et des misérables. Entré dans la vie politique, il dédaigna les questions de coteries et même toutes les questions sérieuses qui n'avaient pas pour objet direct l'amélioration du sort des masses. Il porta avant tout le monde, à la tribune, ce qu'on a depuis appelé les questions sociales. Il était donc comme prédestiné à la fondation de la République. Il y arriva tout naturellement, sans effort, en suivant l'impulsion native de son cœur et le développement logique de son esprit.

Victor Hugo et lui donnent au monde le spectacle psychologique de deux carrières absolument différentes l'une de l'autre. Ils sont allés tous les deux de la souveraineté héréditaire à la démocratie maîtresse d'elle-même ; mais Lamartine est arrivé à cette conclusion parce qu'il y a été conduit par tous ses instincts, et Victor Hugo parce qu'il l'a voulu. La vie de Lamartine se passe d'effort ; celle de Victor Hugo est une volonté persistante. Vous trouverez cette opposition dans tous leurs actes et dans toutes leurs œuvres.

Je disais tout à l'heure que Lamartine porte ses beaux vers comme un arbre porte ses fruits. L'arbre n'est pas moins vigoureux chez Victor Hugo, et il est perfectionné par une culture savante. Lamartine ne daigne pas retoucher ses vers, et Victor Hugo ne consent pas à laisser paraître un de ses vers sans s'être assuré qu'il touche à la perfection. Ils sont féconds tous les deux ; mais Lamartine est une inépuisable fontaine. Victor Hugo est obligé de frapper le rocher pour en faire jaillir une source. Il est une volonté ; Lamartine est un sublime rêveur.

On a conté tant d'anecdotes sur Lamartine qu'il est difficile d'en dire une nouvelle. Celle-ci pourtant est inédite. Hachette, le fondateur de la maison, se trouvait à la veille de publier un volume de Lamartine et un volume de Michelet. On vint lui signaler, dans chacun des deux livres, une phrase incorrecte. C'était un bon linguiste, élève de l'École normale, agrégé de grammaire. Il se considérait dans sa librairie comme un chef d'institution qu'il avait été, comme un professeur qu'il serait toujours, et il avait pris ces mots pour devise : *Sic quoque docebo*. Pour rien au monde il n'aurait laissé passer une faute de français.

Les deux auteurs étaient à la campagne. Il leur écrivit à l'un et à l'autre, leur dévoilant ce mystère plein d'horreur et leur demandant leurs corrections courrier par courrier. Il allait même, dans l'excès de son zèle, jusqu'à suggérer les rectifications. Voici les réponses :

Michelet lui écrivit :

— Merci, mon cher éditeur. L'imprimeur a parfaitement copié le texte. Il n'y a pas une syllabe à changer.

Et Lamartine :

— Merci, mon cher éditeur. Vous avez fort heureusement modifié le texte. Une autre fois, faites les corrections sans prendre la peine de m'écrire.

Il était loin d'être indifférent pour sa gloire; mais il ne la faisait pas dépendre d'un hémistiche.

Il y a, dans la vie de tout homme et de toute nation, des heures douloureuses. Victor Hugo réagissait et parvenait, à force de volonté, à reprendre le dessus. Lamartine recevait le coup sans broncher, et continuait à suivre son chemin. Il avait été porté en triomphe jusqu'à son *Histoire des Girondins*, qui lui suscita d'ardents ennemis. Il ne songea pas à soutenir une polémique. Après les ovations et la toute-puissance du gouvernement provisoire, il perdit coup sur coup la popularité et le pouvoir. Personne ne l'entendit se plaindre ; il ensevelit tout en lui-même. Ceux qui le voyaient tous les jours à l'Assemblée ne purent constater en lui aucun changement. Il fut calme et impassible dans la défaite comme il l'avait été dans le triomphe. Il n'avait pas courbé la tête un instant pour solliciter la fortune ; il ne la courba jamais devant le malheur. Deux choses lui demeurèrent toujours inconnues : l'intrigue et la plainte. Il se sentait plus grand que la fortune, soit qu'elle l'élevât au faîte ou qu'elle l'en précipitât.

Celui qui avait été élu à la fois dans huit collèges, et qui aurait été, dans les premières semaines, élu président par des millions de suffrages, se trouva dans sa petite maison de la rue Ville-l'Évêque sans aucun lien avec la vie

publique, et chargé de dettes qu'il n'aurait
pas éteintes, même en vendant toutes les pro-
priétés de sa famille. Il faut dire comment il
avait contracté cette dette énorme, et comment
il se comporta avec elle.

On dit alors, et on répète toujours depuis,
que l'argent lui coulait entre les doigts, qu'il
ne savait rien refuser, ni se rien refuser, et
que ce même Lamartine, qui se présenta
toujours comme un grand financier, ne sut
jamais tenir un compte, et ne voulut jamais
tenir les siens.

Je ne conteste pas ce dernier point. Il lui
arrivait de se réveiller un matin homme
d'affaires appliqué et opiniâtre. Cela durait
quelques heures ; après quoi, charmé d'avoir
fait un temps de galop, il lâchait la bride et se
laissait mener où l'on voulait, sans songer au
lendemain. J'exprimerai la même pensée en
disant qu'il avait dû être un fils de famille
assez mal réglé dans ses dépenses. On n'a
pourtant aucune trace de discussions avec sa
famille. On n'a pas d'autre raison, que sa

ruine, pour parler de sa prodigalité. Ce n'était pas un homme obscur; la publicité s'attachait à tout ce qui le concernait.

Une seule fois, il fut fastueux et prodigue; c'est dans son voyage d'Orient. Il jeta, dit-il lui-même, trente mille francs sur sa route. Cela ne paraîtrait pas aujourd'hui si extraordinaire. On en fit grand bruit il y a soixante ans. Cette dépense était disproportionnée avec ses ressources. Il voulut se donner cette grande jouissance de ne penser qu'à bien voir et à bien sentir le monde oriental. Il penserait à ses affaires après son retour en Europe. Il n'était pas, en Orient, un voyageur; il était un visiteur. L'Orient, en sachant sa venue, l'attendit. Il accourut auprès de lui dès qu'il put le joindre. Les sages, les prophètes affluèrent. Les rois se réjouirent de l'avoir entrevu. Le grand Seigneur lui fit présent d'un domaine. Cette course à travers l'Asie fut comme un rêve splendide. On n'ose pas le lui reprocher. Cette fantaisie est digne d'un roi ou d'un poète. Elle contribua à sa ruine sans la causer. Il serait venu à bout d'une dette de trente mille francs en quelques mois.

Si j'insiste sur cet incident qui, au point de vue financier n'est qu'un petit incident, c'est parce qu'il est unique dans la vie de Lamartine. Les femmes ne contribuèrent pas à le ruiner. On connaît ses aventures avec elles. Il eut sa Béatrice comme Le Dante. Il trouvait, dans sa famille, les deux anges qui l'auraient préservé de toutes les fautes, si la poésie n'avait pas été sa première maîtresse. Il n'y avait dans sa vie aucun goût dispendieux, aucun étalage de luxe. Il n'avait pas de voiture. Il fit une fois une tirelire pour en acheter une, et il était en bon chemin de réussite quand il rencontra une grande infortune à secourir. Personne, parmi les plus malveillants, ne parla de luxe et de prodigalité. On parla encore moins de jeu et d'aventures financières. Il n'avait la main dans aucune affaire. Il souscrivait beaucoup, mais toujours pour donner ou aider. J'en sais quelque chose. Quand je fondai avec Jacques, Saisset et

Merruau, la *Liberté de penser*, nous n'avions pas de quoi payer l'impression du premier numéro. Nous avions compté sur notre économie et sur nos amis. Notre économie fut admirable. Nous donnâmes nos soins et notre collaboration pour rien. Jacques, le numéro fini, le mettait sous bande et le portait lui-même au domicile de nos abonnés. Moi, je faisais d'abord un article signé, et puis un article anonyme, et enfin un article signé d'un pseudonyme. Nos amis se montrèrent plus résistants. Ne voulant pas ou ne pouvant pas donner d'argent, ils nous donnaient des conseils. « Si vous ne faites pas cela, vous courez à votre perte. Je ne vous aiderai pas à vous casser le cou. » Ni Jacques ni moi ne connaissions Lamartine. Nous nous dîmes qu'il voudrait peut-être aider des jeunes gens de bonne volonté. Jacques, qui était plein de courage, se décida à tenter l'aventure. Nous étions plein d'anxiété; car indépendamment de l'argent qui nous manquait totalement, le nom de Lamartine sur notre liste nous semblait un tel honneur, ou plutôt une telle gloire, que nous n'osions pas l'espérer. Jacques revint au bout d'une demi-heure. Il était radieux, je n'ai jamais vu un homme plus heureux.

— Il souscrit pour mille francs ! me cria-t-il du plus loin qu'il m'aperçut.

Même alors, je ne pouvais y croire.

— Sans nous connaître ! disais-je.

— Tu te trompes, me dit Jacques. Quand je lui ai prononcé ton nom, il m'a dit sur-le-champ : « C'est le suppléant de Cousin. Parlez à Cousin ! »

» — J'ai trouvé là une excellente entrée en matière pour lui expliquer l'œuvre d'éman-cipation que nous voulions tenter.

» — Bon cela, m'a-t-il dit ; j'aime la liberté et la jeunesse. Je suis avec vous.

Vous voyez si j'avais raison de dire qu'il n'était pas un homme d'affaires. En voici une autre preuve d'un genre tout différent.

Ulbach causait un jour avec lui de ce qu'on appelle communément, dans les maisons un peu obérées, la difficulté des temps. Lamartine était appuyé, ou plutôt assis sur une table de marbre. Dans un mouvement qu'il fit, le marbre se déplaça, et laissa voir entre lui et la planche qui le supportait, un billet de mille francs.

— C'est comme la manne dans le désert, dit Lamartine en souriant. — Vous ne le saviez pas là?

Il prit un air confidentiel :

— Il doit être là depuis bien longtemps. Quand je me trouve en fonds, je mets assez volontiers de l'argent dans quelque coin, et je l'y oublie. Cela me donne ensuite, quand je le retrouve, un moment de joie. C'est une loterie à laquelle je mets.

Il appelait cela une loterie, le pauvre grand financier.

Non, ce n'est ni aux femmes, ni au jeu, ni au faste qu'il fallait attribuer le triste état de ses affaires domestiques. On dit bien, quand le désastre fut connu, avec une certaine compassion : « Ce pauvre Lamartine a tout donné. » Mais on ne lui en faisait pas un grand mérite.

Il avait donné par insouciance, par ignorance. Il s'était laissé tromper de toutes les façons. Parmi ceux qui le jugeaient, plus d'un aurait été plus miséricordieux pour des palais, des équipages, des réceptions, des galeries de tableaux. En somme, ce qui surnagea fut ce mot : « Il s'est cassé le cou à force d'insouciance et de maladresse. »

On se demanda comment il sortirait du gouffre où il s'était jeté. Aurait-il recours à l'État? ou aux affaires? ou au travail? Il choisit le travail. On ne l'en a pas assez loué. L'État aurait fait quelque chose; — non pas la République, qui aurait tout au plus donné une pension; et qu'aurait-il fait avec une pension? — Mais l'Empire, qui n'était pas arrêté par les scrupules législatifs, et qui en effet proposa à Lamartine de payer ses dettes. Les grandes maisons financières auraient trouvé le moyen de le libérer, et même de l'enrichir. Elles font, quand il leur plaît, des miracles. Et je connais tel financier à qui il aurait plu, de rendre Lamartine à lui-même et à la poésie.

Non ; il voulut se sauver par ses propres forces.

Ce fut un long et triste spectacle. D'un côté, un magnifique courage ; de l'autre une demande répétée, incessante, et, pour tout dire, fatigante. On ne vit que la demande, qu'on appela immédiatement la contrefaçon de Bélisaire. Il fit une grande édition de ses œuvres et la vendit par souscription. On trouva et je trouve aussi qu'il fit son métier d'éditeur avec une sorte de violence. Il écrivit lui-même une circulaire à toutes les personnes qui lui semblaient obligées de souscrire. Quand la circulaire ne produisit pas d'effet, il la redoubla. Tous ses anciens collègues la reçurent. Comme je n'étais pas encore de l'Institut, je ne sais pas s'il étendit jusque-là sa propagande. Il ne tarda pas à comprendre que le produit de la souscription ne lui fournirait pas le moyen d'éteindre sa dette. Puisqu'il ne suffisait pas de vendre, il résolut de travailler. Il se tourna vers la seule industrie qu'il connût, celle d'écrivain. C'était, pour un tel esprit, une résolution terrible. Quand il avait publié les premières Méditations, il ne songeait qu'à la gloire. Il fut peut-être obligé de se dompter, de se sermonner avant de consentir à être payé par ses éditeurs. En tout cas, il prit leur argent et le mit dans son portefeuille sans même le regarder. Il devint plus attentif à la longue, quand le souci de ses dettes vint l'assaillir. Il aurait fait, sans scrupule, d'énormes bénéfices, comme il avait fait, sans regret, d'énormes générosités. Mais il y a une grande différence entre gagner en écrivant, ou écrire pour gagner. L'idée d'éteindre sa dette s'était tellement emparée de lui, elle le possédait à tel point, qu'il franchit encore ce pas sans hésiter.

Il pensa qu'on achetait beaucoup de journaux, et peu de livres; que le succès des Girondins ne se renouvellerait pas dans les mêmes proportions, mais qu'une publication périodique, entièrement de sa main, attirerait un nombre infini de lecteurs. Il ne se trompa pas. Dès qu'on sut qu'il s'engageait à écrire chaque semaine un numéro du *Conseiller du peuple*, on voulut le voir dans ce nouveau rôle de conférencier et de journaliste; on se demanda de toutes parts s'il saurait se plier à ce dur métier; s'il aurait ce courage et cette fécondité; s'il résisterait au dégoût et à la fatigue. Il avait le choix entre tous les sujets. Il garda sa liberté; ses lecteurs ne savaient pas ce que la semaine leur apporterait; et lui-même, en écrivant le dernier feuillet d'un numéro, ne savait pas encore quel serait le sujet du numéro suivant. Il choisit pourtant, d'une façon générale, et en se réservant le droit de faire des excursions suivant que les circonstances ou sa fantaisie l'y porteraient, d'écrire une sorte de cours de littérature française.

Ce fut un ravissement pour une société affairée et de plus en plus positive d'avoir chaque semaine une conversation de Lamartine, en douze ou quinze pages, sur un poète, un historien, un philosophe. On y prenait plaisir, parce que c'était charmant, un peu aussi parce que c'était court, et parce qu'on faisait le Mécène sans s'appauvrir.

Ceux qui n'ont jamais écrit croient qu'un écrivain met tout son bonheur à écrire. Ils ont raison. Pris d'une manière générale, le travail est réconfortant et réjouissant. Le travail littéraire, en particulier, transforme l'âme, la met en rapport, je dirais presque en contact avec tout ce qu'il y a de grand, efface pendant sa durée les souvenirs pénibles, crée à côté de la vie réelle, une autre vie toute remplie de joies idéales. Le grand écrivain, qui est le bienfaiteur de l'humanité, jouit le premier des trésors qu'il répand, et il jouit en même temps du sentiment intime de sa force.

Mais il y a bien quelque différence, si l'écrivain au lieu de suivre son inspiration, est obligé de chercher le succès, c'est-à-dire de suivre le goût de la foule ignorante et grossière. Se donner à ce maître, c'est s'abaisser ; n'est-ce pas s'avilir ? On sait qu'on n'ira pas jusqu'à flatter de mauvais instincts ; qu'on luttera, au besoin, pour la justice. On le sait mieux que personne, quand on est Lamartine. Pourtant il y a des frivolités auxquelles on s'assouplira, des concessions à craindre, des faiblesses. En faisant une entreprise de librairie, on sait d'avance qu'il faudra se résigner à des concessions, à des compromissions.

Le travail, si attrayant quand on travaille à ses heures, quand on est maître de choisir son sujet et son temps, de s'arrêter si l'inspiration fait défaut, de quitter une tâche devenue ingrate, pour choisir une matière plus charmante ou plus passionnante, le travail libre, en un mot, est tout autre chose que le travail prescrit, le travail vendu.

Il y a aussi la question de durée; la journée de douze heures. Le cerveau se fatigue plus vite que les bras. La fatigue a pour conséquence directe, immédiate, l'infériorité, et parfois, l'impossibilité du travail.

La langue distingue l'auteur qui écrit en vers, et celui qui écrit en prose. On dit : le poète, le prosateur. Il ne suffit pas d'aligner des vers pour être poète. On peut être poète en écrivant de la prose. Qu'est-ce qu'un poète? le mot le dit, c'est un créateur. Créateur, en grec, se dit poète. J'ai dit mes prières en grec pendant bien des années, et je me rappelle toujours ces paroles du symbole : Πιστεύω εἰς τὸν θεόν. Πάτερα παντοκράτορα... ποιητὴν οὐρανοῦ καὶ γῆς. Je crois en Dieu, le père tout-puissant, poète du ciel et de la terre. Descartes est le poète du *Discours de la méthode ;* Montesquieu, de l'*Esprit des Lois.* Il prend soin de le déclarer en prenant pour épigraphe ces mots : *Prolem sine matre creatam.* Quand le poète compose, quand il crée, il se sent investi de la toute-puissance sur sa créature. Cette toute-puissance est une des conditions de sa force et de sa joie. Tant que son manuscrit est dans ses mains, il est maître de le publier, de le changer, de l'anéantir. Comme il se donnera lui-même en le donnant, il est juste que sa toute-puissance reste entière jusqu'au dernier moment.

Mais l'écrivain à gages, l'écrivain à heure

fixe n'a pas le droit de vie ou de mort sur son œuvre. Elle est commandée. Il n'est plus à proprement parler le poète. Il ne produit pas la pensée ; il ne fait qu'en modifier la forme. Il n'est pas maître absolu de son style, puis qu'il faut livrer à heure fixe. Si le temps ne lui manquait pas, il déchirerait cette page, qui est fausse de ton et de style, qui détonne avec la page précédente, qui alourdit et obscurcit la pensée. Il en tient une plus claire et mieux frappée, qui montrerait mieux la suite des idées, et donnerait de la lumière à sa démonstration. Mais l'imprimeur est là, réclamant le manuscrit. Il le prend encore humide sous votre plume. Il l'emporte en courant ; il le livre aux ouvriers qui s'empressent pour être prêts à l'heure dite, et presque aussitôt au monstre lui-même, qui va, en quelques minutes, le reproduire à dix mille, à cent mille exemplaires. C'en est fait, cette moitié de votre pensée est fixée pour les lecteurs d'aujourd'hui, et pour ceux qui vous liront dans cent ans, pendant que vous, le poète, penché sur votre pupitre, vous vous efforcez d'atténuer ou de retirer ce que vous avez écrit tout à l'heure, de vous continuer, de vous compléter, de vous contredire, sachant à peine si cela est vrai ou faux, intelligible ou obscur, et si vous serez reçu par des applaudissements ou par des sifflets.

L'ouvrier chargé d'un travail manuel quitte son travail à l'heure fixée pour prendre du repos. Il le quitte vraiment, pour un temps donné. Pendant cet intervalle, il peut oublier sa tâche, ou même s'en donner momentanément une autre. Il n'en est pas de même de cette sorte d'ouvrier dont le labeur consiste à créer des idées, ou à les habiller. Il peut, comme l'autre, suspendre son travail, mais il ne le quitte pas pour cela. Il ferme le manuscrit ; il le cache au fond de son bureau. Il prend tous les moyens de s'en distraire. Il va dans le monde pour se dissiper. Il s'entoure des joies de la famille. Il reprend une lecture commencée. Il a recours aux beaux arts. Il parcourt un musée, il écoute de la musique.

Le manuscrit abandonné, enterré sous une pile de volumes, luit en quelque sorte dans sa pensée. Il le voit, il le lit plus distinctement que quand il l'avait sous les yeux. Il lui impose l'obligation de chercher un dénouement à cette aventure, une réponse à cette objection, une conclusion à ces prémices. Il est souverain de son manuscrit, puisqu'il peut l'anéantir; et le manuscrit à son tour est le souverain de son auteur. Il le poursuit partout, même la nuit, pendant son sommeil. Comment échapper à cette obsession, à cette possession, si l'auteur est obligé de fournir cette œuvre, et de la livrer à heure fixe?

J'allais beaucoup chez Ary Scheffer quand il faisait son tableau de la tentation. Il y avait, dans Ary Scheffer, un poète et un peintre. Le poète avait choisi pour langue la peinture; mais le peintre, en lui, était inférieur au poète. Pour ce tableau difficile, le poète avait conçu un bel idéal que le peintre ne parvenait pas à réaliser. C'était tous les jours un nouvel effort d'un côté, un nouveau découragement et de nouveaux emportements de l'autre. Ary Scheffer excellait à critiquer la peinture des autres, et surtout les siennes. Il savait ce qu'il fallait faire et ne réussissait pas à en venir à bout. Il ne se lassait pas de recommencer ce tableau ; c'était tous les matins un tableau nouveau. Les amis se divisaient. Les uns lui disaient : Renoncez ! D'autres offraient leurs conseils. Jamais il n'y eut homme plus malheureux. Son caractère même était changé. Il était brusque et irritable. On n'osait plus l'approcher. Je le trouvai un matin, jouant des airs joyeux sur son piano, affable, de belle humeur. Je me dis : Il a trouvé ! Le tableau est fait. Je me glissai vers le chevalet, et levai la toile en tremblant d'émotion. Il n'y avait plus qu'une toile barbouillée du haut en bas de blanc et de noir. Je me retournai. Le poète était derrière moi, tout souriant de ma déconvenue.

—Oui, me dit-il, je me suis délivré ; je vais vivre ! J'attendrai quelque temps, ajouta-t-il ; je me referai ; et je le referai peut-être aussi quand j'aurai assez oublié cette année terrible.

4.

Heureux peintre, qui pouvait porter jusqu'à l'immolation le respect de sa pensée !

Lamartine n'avait pas mesuré l'immensité de la tâche qu'il s'imposait. Il n'en avait pas vu les difficultés. Il croyait commencer un de ces discours auxquels il s'abandonnait sous la Constituante, qui devaient durer une heure, et qui duraient encore quatre heures après quand l'obscurité tombait sur l'Assemblée. La parole écrite n'a pas les immunités de la parole parlée. Ce discours, au lieu de durer quatre heures, durait indéfiniment. La matière, qu'il avait crue inépuisable, parce qu'il était réellement très lettré, menaçait de prendre fin. C'est seulement en écrivant qu'on s'aperçoit de son ignorance. On ne savait qu'à peu près. On savait assez pour la conversation, qui s'accommode des exemples et des digressions. Il glissa des philosophes aux artistes ; c'était une ample matière à discourir. Mais ici tout lui échappait, jusqu'à la langue particulière de la musique ou de la peinture. C'est à peine s'il retrouvait dans sa mémoire la date de leur naissance et les noms de leurs principaux ouvrages. Il fut séduit un moment par la chimère des gens du monde qui comptent sur l'ignorance pour parler des arts avec originalité ; mais son esprit supérieur comprit vite ce qu'était et ce que valait ce genre d'originalité. Il avait la ressource des dictionnaires. L'art des dictionnaires a été bien perfectionné de nos jours ; et on trouve dans plusieurs d'entre eux de la science toute faite. Mais c'était aussi par trop descendre que de copier des auteurs de troisième ou de quatrième nom. Il résolut d'avoir pour chaque genre un secrétaire, — ou un maître compétent. Le maître ferait une notice décolorée ; et Lamartine, après l'avoir lue, l'écrirait de nouveau, et se la rendrait propre en y ajoutant la magie de son style. On pouvait le comparer à ces grands artistes qui reçoivent de l'or en barre, et le rendent à leurs clients après l'avoir habilement ciselé. Il parvint ainsi à traiter tous les sujets, et à enseigner ce qu'il ne savait pas.

Ce fut un étonnement pour les ignorants ; et

plus encore pour les savants qui apprirent à son école des idées justes et nouvelles. Il se trouva que, dans ce poète, dans cet orateur, dans cet homme d'État, il y avait un journaliste et un professeur.

Mais le travail du journaliste était d'autant plus accablant qu'il fallait chaque semaine consumer la moitié de son temps à étudier. Ces canevas étaient le plus souvent mal conçus ; ils étaient mal écrits, obscurs. Il lui fallait de longues conversations pour se les assimiler. D'autres avaient la prétention d'être des chefs-d'œuvre auxquels Lamartine pouvait se contenter d'ajouter son nom. Cette façon de travailler avait été souvent employée par les orateurs de l'Assemblée constituante. Quelles que fussent leur activité et leur assiduité au travail, le temps leur aurait manqué pour étudier tant de matières, et composer tant de discours. Les uns prenaient des secrétaires ; les autres, des collaborateurs ; quelques-uns consentaient à lire à la tribune des discours qu'on leur fournissait tout composés. Mirabeau a donné l'immortalité à des discours qui n'étaient pas de lui, et qu'il avait lus à la tribune comme étant de lui. L'ancien évêque d'Autun, voulant proposer à l'Assemblée de créer un institut national, fit composer le projet et rédiger le rapport par le vicaire général de son diocèse. Lamartine transformait si complètement les esquisses qu'on lui apportait, qu'aucun de ses collaborateurs n'essaya de s'attribuer une part de paternité dans le *Conseiller du peuple*. Les lecteurs retrouvaient si évidemment Lamartine dans chaque ligne de ses articles qu'il n'avait pas la pensée de rechercher le canevas informe sous l'œuvre brillante et parée.

On ne sait qui se serait épuisé le premier, de la satisfaction du public, ou de la verve de l'artiste. Cette vogue si longtemps soutenue était une merveille dans notre temps où on se lasse de tout, et de l'admiration plus que de tout le reste. On commençait pourtant à sentir une décroissance. Il fallut, à plusieurs reprises, changer le cadre et modifier la façon pour retenir le lecteur. Quant à l'auteur, il ne sentait ni le découragement, ni l'épuisement. Il continuait cette dure besogne sans prendre un moment de repos. Sa vie était celle d'un condamné aux travaux forcés; un condamné volontaire. Il avait pris cette résolution, et il la tenait jusqu'au bout avec un courage étonnant. On ne l'a pas assez admiré, parce qu'on ne l'a pas assez compris. Il y a des journalistes qui écrivent chaque semaine autant de copie; mais ils n'ont pas été Lamartine; ils n'ont pas régné pendant un demi-siècle sur les esprits et sur les cœurs; ils n'ont pas lutté contre une révolution; ils ne l'ont pas disciplinée et conduite. Ils n'ont pas abordé ce métier de conférencier et de journaliste quand ils étaient arrivés déjà au seuil de la vieillesse; ils n'avaient pas à lutter chaque jour contre les exigences de créanciers nombreux et avides; ils ne se refusaient pas avec cette obstination quelques instants de repos.

Il ne voyait plus, dans ses dernières années, que les agents nécessaires de la souscription,

quelques admirateurs qui forçaient la porte,
et des malheureux, aux instances de qui il
n'essaya jamais de se soustraire. Il eut longtemps l'appui d'une femme incomparable, qui
avait toutes les vertus et tous les courages, et
jusqu'à la fin celui d'une nièce, capable de
comprendre ses écrits et de juger sa conduite.
Je mentionne sa levrette, parce qu'il ne l'aurait
pas oubliée s'il avait fait la nomenclature de
ses derniers amis, et Dargaud, un écrivain de
mérite, qui n'avait plus d'autre occupation
que d'être auprès de lui, de l'écouter, de l'approuver, de l'admirer, de le respirer.

Lamartine habitait un très petit hôtel,
enclavé dans les bâtiments du ministère de
l'Intérieur. La cour qui le précède donne sur
la place qui termine la rue de la Ville-Lévêque;
cour déserte et désolée dans les derniers temps
de la vie du poète. La muraille qui ferme la
cour du côté de la place est percée d'une porte
cochère toujours fermée, et qui semblait n'avoir
jamais été ouverte. La cour est fermée des deux
côtés par de hautes maisons, en bordure sur

la place et qui ne profilent sur cette cour
isolée que leurs murailles grises sans fenêtres.
L'hôtel fait le quatrième côté de l'enclos. On
n'ouvre pas les fenêtres qui donnent sur la
cour ; il a vue, par derrière, sur les jardins
assez vulgaires du ministère de l'Intérieur.
Lamartine travaillait là depuis le matin, probablement dans sa chambre. Je ne me le
représente pas écrivant son journal sur un
grand bureau. Il avait sans doute une petite
table. Il laissait tomber ses feuillets, que le
lévrier respectait et gardait jusqu'à ce qu'on
vînt les relever et les classer. Sa plume ne
quittait pas le papier. Elle courait rapidement,
comme eût couru sa parole s'il avait été à la
tribune. Les images, les comparaisons, les
raisonnements lui venaient comme d'une source
largement épanchée, sans qu'il eût besoin
d'aucun effort. Tout ce qu'il écrit est sage,
poétique, harmonieux. On ne sent pas l'effort,
ce qui est une qualité commune à la plupart
des grands écrivains ; mais pour lui, ce n'est
pas assez de dire qu'on ne sent pas l'effort ;

on sent qu'il n'y en a pas. Ses derniers écrits montrent profondément sa vie, quand on sait pour quels motifs il les a·faits; tout ce qu'on peut dire de leur mérite littéraire, c'est qu'ils ne déshonorent pas son œuvre. C'est bien loin du *Voyage en Orient* et des *Girondins*; c'est à mille lieues des *Méditations* et de *Jocelyn*; mais c'est encore Lamartine.

Vers trois heures de la journée, il n'en peut plus. Sa main se refuse à tenir la plume; ses yeux voient trouble. C'est le moment de Dargaud. Il entre; poignée de main fraternelle; le temps d'échanger des nouvelles sur la nuit écoulée, sur le travail de la matinée. Le maître a quelquefois dans la main une liste de renseignements que Dargaud prendra, qu'il apportera le lendemain, tout heureux de cette collaboration toute matérielle, qui lui donne le moyen de se rendre utile. Il pourrait davantage, car il sait écrire. Il y a des livres de lui sur Jane Grey, sur les questions religieuses en France pendant la Révolution que les érudits lisent avec intérêt. Mais ce n'est pas son affaire de collaborer ; il est à Lamartine pour la promenade, les renseignements et la conversation. Rien de plus. C'est un lot assez beau, puisqu'il répond à tous les désirs de Dargaud.

Je les voyais passer tous les deux, à trois heures et quart, avec l'exactitude d'une horloge, le long de la grille de l'église de la Madeleine et du grand escalier. Je pourrais dire tous les trois, en comptant le lévrier. Lamartine au milieu, toujours droit, mince dans sa grande taille, silencieux et grave. Dargaud, petit, assez épais, marche à côté de lui en levant la tête pour être entendu là-haut, et sans jamais cesser de parler. De temps en temps, un passant, qui reconnaît la figure du poète, s'arrête et salue. Lamartine rend poliment le salut, mais sans regarder, et ne s'arrête jamais. Si quelqu'un insiste pour dire un mot, Dargaud l'écoute une minute et l'éconduit.

Jean-Marie Dargaud ! Le Blondel de Cœur de Lion. Le meilleur et le plus fidèle des amis. Le plus fidèle, mais non pas le seul fidèle ; car Lamartine a conservé jusqu'à la fin des admirateurs et des adorateurs, en France, en Russie, en Amérique. C'est à Paris seulement, dans cet hôtel mort de la rue la Ville-Lévêque, que Lamartine était mort ; pour tout le monde, excepté pour madame de Lamartine, madame Valentine de Cessia, la nièce de Lamartine, et Dargaud.

IV

Non contente d'avoir élevé une statue à
Lamartine, la ville de Mâcon a célébré son
centenaire le 18 octobre 1890. C'est l'Académie
de Mâcon, ou plutôt c'est l'Académie Lamartine
qui avait pris l'initiative de cette solennité.
Je pense, comme mon ami Francisque Bouillier,
que les académies ont un double but: favoriser
le progrès des sciences et des lettres, et rendre
hommage aux grands hommes qui ont fait
ou accru leur gloire. Lamartine a joué un très
grand rôle politique; les partis, le gouvernement auraient pu se charger de célébrer son
anniversaire. Il vaut bien mieux que cette

pensée soit née, en dehors de tout esprit de parti, dans un corps littéraire. Bien au-dessus de l'homme politique, qui a été très grand, la postérité placera le grand poète. Tous les amis du grand art pouvaient oublier l'histoire de ce demi-siècle, et se présenter devant la statue de l'auteur immortel des *Méditations* et de *Jocelyn*. Une telle gloire appartient à l'humanité tout entière.

Avant même de s'adresser aux habitants de sa ville natale, l'Académie de Mâcon, pour bien marquer sa pensée, avait écrit à l'Académie française, et lui avait demandé de prendre la fête sous son patronage. L'Académie accepta avec empressement et reconnaissance. Il fallait, pour la représenter, un poète, et un grand poète. Elle désigna M. Coppée. On pourrait s'étonner de me voir associé à la mission de mon illustre confrère. Je dois cet honneur à l'Académie de Mâcon, qui m'avait écrit dès le premier jour. Le livre publié par l'Académie de Mâcon sous ce titre : *le Centenaire de Lamartine*, constate cette désignation de la façon suivante. « Tous les souscripteurs furent réunis à l'hôtel de ville, et chargés de former eux-mêmes le comité. Réunis en assemblée générale, ils décidèrent de placer la manifestation sous le haut patronage de M. le ministre de l'Instruction publique, et de M. Jules Simon, sénateur, membre de l'Académie française. » Et ailleurs : « Sur des démarches très instantes, faites auprès de lui, M. Jules Simon, l'éminent philosophe, voulut bien accepter la présidence de nos solennités littéraires. »

Si je rapporte ces paroles, c'est d'abord, je n'ai pas à le dissimuler, pour m'en faire honneur. C'est aussi pour remercier les auteurs de la relation, et les souscripteurs eux-mêmes. Rien n'explique ce choix à mes propres yeux, car j'avais perdu mes deux amis de Mâcon, M. Charles Rolland, et M. Alexandre. J'avais depuis la chute de Lamartine cherché toutes les occasions de célébrer la gloire de Lamartine. On voulut bien s'en souvenir à Mâcon.

J'ai vu à Paris de grandes funérailles, et particulièrement, dans ces dernières années, celles de Thiers, de Gambetta, de Victor Hugo. Rien ne peut être comparé à ces manifestations. Rien n'est aussi imposant et aussi majestueux qu'une foule immense, quand elle est inspirée par un grand sentiment. Mais c'étaient des funérailles ; et, même pour Victor Hugo, des triomphes politiques. Ce que nous avons eu à Mâcon, c'est une fête où l'amitié a tenu autant de place que l'admiration. Le sauveur de 1848 disparaissait ; on oubliait le tribun et l'homme d'État, pour penser uniquement au poète. Le poète même n'était pas l'objet particulier de ces hommages ; ils s'adressaient au concitoyen, à l'homme. Lamartine est le bienfaiteur de sa ville natale, non seulement par la gloire qu'il jette sur elle, mais, dans le sens strict du mot, par son inépuisable générosité. Le poète semait les beaux vers et les grandes pensées. Le concitoyen semait son or sans compter. Il donnait, il prêtait, il commanditait. Quand il n'avait pas d'argent, il donnait sa signature. Il donnait sans faste ; mais à la longue, les malheureux savent le nom et la demeure de ceux dont la main est toujours ouverte. C'était le rejeton d'une vieille et patriarchale famille; bienfaiteur de père en fils, avec cette différence que le poète voyait plus haut et sentait plus grandement.

V

J'ai découvert à Mâcon, dans la conversation de M. Lombard de Buffières, de M. Aubert, de M. Pellorce, et dans un charmant discours du rédacteur en chef du *Journal de Saône-et-Loire*, M. Deton, un Lamartine que nous connaissons à peine à Paris ; c'est le Lamartine bienfaisant et généreux jusqu'à l'héroïsme, ou, si vous l'aimez mieux, jusqu'à la folie. Nous ne savions pas ici à quoi avait passé sa fortune. Excepté ce voyage d'Orient où il s'était conduit en prince, il vivait très simplement, même au temps de sa prospérité. Il n'y avait pas un agent de change qui ne déployât plus

5.

de luxe que lui. Il s'était ruiné à force de donner. Je n'approuve pas qu'on se ruine ; mais de toutes les façons de se ruiner, c'est assurément la plus pardonnable.

M. Lombard de Buffières m'avait dit : « Nous avons fait une souscription à cinquante centimes, pour avoir tous les noms, en exemptant toutefois les locataires dont le loyer normal ne dépasse pas cent francs. Ces pauvres gens ont réclamé. Ils se sont syndiqués, d'abord pour réclamer, et ensuite pour souscrire. » Je n'ai compris cette réclamation d'un nouveau genre qu'à force d'entendre conter de tous côtés les générosités de Lamartine. La fête en est devenue pour moi bien plus touchante.

Il faudra lire les récits attachants de M. Deton. En voici deux que me fournit ma mémoire et qui peuvent trouver place ici :

Il avait un goût passionné pour se faire traîner en voiture découverte. Remarquez que c'était aussi le goût de Victor Hugo, qui m'a dit un jour :

— Je n'aime rien tant que cela.

Lamartine voulut se donner le luxe d'un petit panier pour aller au Bois. Il fallait trois mille francs. Il se mit à les économiser. Il approchait du terme, quand une pauvre veuve, qu'il ne connaissait pas, vint lui conter la douloureuse histoire des veuves. Son mari l'avait laissée sans fortune, avec trois enfants. Elle était habituée au grand luxe et aux grands espoirs. Elle ne savait qu'un peu de couture et un peu de piano, juste autant qu'il en faut pour être applaudie par ses invités. Elle pleura. Il fut ému. Elle parla de je ne sais quel commerce, qui l'aurait tirée d'affaire ; mais il fallait une bien grosse somme. Elle cherchait des souscripteurs. C'était sa première démarche.

— Quelle somme ?

— Mille francs.

Lamartine se dirigea vers sa tirelire ; il la cassa ; il mit les mille francs dans la main de sa solliciteuse, qui n'osait croire à tant de bonheur.

— Et la voiture, mon oncle ? dit une jeune voix doucement émue.

— Eh bien, chère enfant, nous irons à pied.

— Oh! avec quel bonheur!

Un poète lui écrivit pour le prier d'accepter la dédicace de ses œuvres. Il répondit qu'il voulait voir le manuscrit. Le poète vint. Ce n'était pas trop vulgaire; il y avait çà et là, comme un rayon. Tout en lisant, Lamartine regardait l'auteur : c'était la misère en personne. Cet homme-là n'était pas vêtu; il devait manquer de pain.

— J'accepte, dit Lamartine, et je souscris pour les premiers exemplaires.

Il lui mit quelques louis dans la main; l'autre se confondit en remerciements. Lamartine le reconduisit jusque dans l'antichambre. On était en hiver. Le pauvre homme n'avait sur lui qu'un veston d'été, usé et rapiécé, qui ne pouvait le défendre contre le froid. Lamartine prit son propre manteau, un manteau tout neuf, qui était accroché à une patère. Il le mit lui-même sur les épaules du visiteur.

— Vous oubliez votre manteau, dit-il.

— Il n'est pas à moi, répondit le poète.

— Il faut bien qu'il soit à vous, dit Lamartine, puisqu'il n'est plus à moi.

On nous racontait de pareilles histoires, à Mâcon, toute la journée. Nous répondions par les *Méditations* et par *Jocelyn*. C'était, en vérité, une belle fête !

VI

Ici, à Paris, les malveillants, les indifférents, et même quelques amis, avaient sans cesse ces deux mots à la bouche : prodigalité, mendicité.

On voulait bien admettre qu'il était généreux ; mais tout le monde répétait : « On ne donne pas un million ; on le jette. » Un million, il y a cinquante ans, c'était une grosse somme. On disait un million, comme on dirait aujourd'hui un milliard. Avoir été millionnaire, et être menacé et pourchassé tous les jours par ses créanciers ! Accepter la tâche de produire un million par son travail, en tirant tout de

soi-même! Alimenter trois journaux! Avoir
sous presse, à la fois, cinq volumes! Subir
cette vie terrible, écrasante, pour ceux qui
étaient venus à lui pendant sa prospérité, qui
avaient cru en lui, dont il avait, depuis,
oublié les noms, et qui ne savaient pas de
quel prix il payait à présent ses propres bien-
faits! On ne l'admirait pas assez, parce qu'on
ne savait pas assez le fond des choses. Il avait
des moments d'orgueil. Il disait à ceux de ses
amis qui lui parlaient de repos, ou d'accom-
modement : « Laissez-moi mon courage! »
Si sa santé le lui eût permis, si sa vie s'était
prolongée quelques années, il serait venu à
bout de son million. Il disait : « Ce sera mon
chef-d'œuvre! »

Mâcon se souvint quand la France oubliait.
L'Académie Lamartine (l'Académie de Mâcon)
eut le très grand honneur de prendre l'initiative; le Midi accourut le premier; la France
se réveilla : l'affluence fut énorme, les fêtes
superbes. Tout le peuple sans exception y
coopéra. Elles gardèrent leur caractère acadé-

mique. Des orateurs désignés par l'Académie de Mâcon et les autres Académies du Midi lurent d'éloquentes apologies de Lamartine. La plus attendue et la plus admirée fut l'éloge funèbre du grand poète par monseigneur Perraud, évêque d'Autun, membre de l'Académie française. Il le lut au cours d'un service religieux célébré en grande pompe dans la cathédrale : ce fut la magnifique conclusion de toutes ces fêtes.

Voici le discours que j'avais prononcé la veille, dans la séance académique tenue sous une tente immense, devant plusieurs milliers de personnes [1].

1. Voir le beau volume sur le Centenaire de Lamartine, publié par M. Protat, à Mâcon. 1891.

DISCOURS DE M. JULES SIMON

Messieurs,

En me voyant ici entouré des populations accourues pour fêter le premier des centenaires de Lamartine, je me rappelle une autre fête, à laquelle j'ai assisté à côté de lui, il y a quarante-deux ans.

Le gouvernement avait appris des saint-simoniens qu'il faut donner aux déshérités des fêtes publiques, puisqu'ils n'ont pas de fêtes privées, et qu'on peut donner à ces fêtes de l'utilité et de la grandeur en les employant à répandre des idées morales. Nous célébrions ce jour-là la fête de la Concorde, entre la journée du 15 mai, où le peuple avait jeté ses représentants dans la rue, et les funèbres journées de Juin, où la civilisation entière fut menacée. Le hasard fit que je me trouvai assis sur l'estrade, immédiatement derrière Lamartine : « Monsieur, lui dis-je, quel que soit le nom officiel de la cérémonie, c'est la fête de Lamartine qu'un peuple entier va célébrer. » Il me serra la main avec une gravité bienveillante, car il n'était pas de ceux qui reçoivent les compliments avec effusion. Le défilé commença, et il fut évident tout aussitôt que j'avais raison.

La garde nationale parut la première. On avait fait courir dans les rangs de crier : « Vive l'Assemblée nationale ! » Quelques colonels, fidèles à la consigne, et qui d'ailleurs étaient députés, essayèrent de pousser ce cri ; mais derrière eux toute la troupe criait : « Vive Lamartine ! » Légions par légions passaient au pas de course devant lui, et toujours, en passant, on lui jetait le même cri avec un ensemble formidable, qui couvrait le bruit du canon.

Puis vint le peuple, par masses profondes, trois ou quatre cent mille hommes, sans ordre, sans étiquette, les magistrats en robes, les professeurs, les membres de l'Institut en costumes, mêlés à la foule des femmes et des enfants ; des prêtres catholiques donnant le bras à des pasteurs protestants, de vieux soldats dans l'uniforme des temps héroïques, des députations de sociétés populaires, des théories de jeunes filles vêtues de blanc et portant des fleurs ; et tous, d'une même voix et d'un même cœur, criaient : « Vive Lamartine ! » Beaucoup de femmes montaient sur l'estrade et lui baisaient la main, quelques-unes répandaient des larmes. Elles lui donnaient des bouquets et des couronnes de laurier. Nous en étions encombrés autour de lui. Il s'était levé, il tendait la main, le front haut, le corps immobile, la figure calme. Il n'eut pas même un tressaillement dans cette longue journée. Je ne crois pas qu'il y eût sur terre un autre homme capable de recevoir une telle ovation sans émotion et sans étonnement.

Il avait cinquante-sept ans.

Je ne vous raconterai pas sa vie. Le monde entier la connaît. Il naquit à la veille même de la Terreur. Son père était emprisonné et désigné pour la guillotine quand le 9 Thermidor le délivra. Il reçut ici même une éducation chrétienne. Il appartenait à la monarchie par les traditions de sa famille, par les leçons reçues dès le berceau et par les malheurs et les dangers de son père. Il la servit comme garde du corps, entra dans la diplomatie et fut nommé en 1833 député de Dunkerque. Il commença une vie nouvelle à partir de ce moment. La première et la plus radieuse moitié de sa vie avait appartenu sans partage à la poésie.

Illustre et populaire, à un âge où les autres cherchent encore leur voie et essayent timidement de se faire accepter, d'une beauté plastique presque idéale, noble, ce qui était alors quelque chose, il avait eu de brillants succès dans le monde; mais il s'y regardait comme un étranger, comme un passant. Il disait:

« La nature ne m'avait pas fait pour le monde
de Paris. Il m'offusque et il m'ennuie. Je suis
né Oriental et je mourrai tel. » Il s'échappait,
il fuyait, dès qu'il avait une occasion ou un
prétexte, il courait ici, à cause d'une famille
adorée et des chers souvenirs de l'enfance, ou
en Italie, à cause du soleil. Il finit par faire
en Orient ce voyage qui est devenu un de ses
beaux livres, qui fut pour lui comme un rêve
et pour l'Europe un éblouissement. Il y jeta
ses trésors ; il y perdit les délices de son cœur,
sa fille chérie. Il parut au milieu des poètes
et des philosophes orientaux comme un des
leurs. Ils accouraient autour de lui pour l'entendre et lui demander de prophétiser. Le
sultan, pour mieux marquer son admiration,
lui fit présent d'un territoire.

Il était poète par don de nature, dès son
enfance. Il aimait cette langue cadencée, sonore
comme la musique, vague comme elle, un peu
plus précise cependant, exprimant toutes les
sensations, depuis la terreur jusqu'à la grâce
et renfermant parfois la pensée dans une

brève et heureuse formule, qui en augmente la force et en perpétue la durée. D'autres ont employé tous les efforts de la volonté à développer et à féconder leur génie ; il n'a eu qu'à suivre le sien, qui lui fournissait en abondance les images, la passion et l'harmonie. Il portait les beaux vers et les laissait tomber de ses lèvres comme un arbre situé dans un sol fertile, sous les regards du soleil, se couvre de fruits et de fleurs et jonche autour de lui la terre de ses produits embaumés et savoureux.

Comme c'était un homme de peu d'efforts, c'était aussi un homme de peu de livres. Nous connaissons par lui-même ses amis de chevet : Job, Homère, Virgile, le Tasse, Milton, Rousseau, et surtout Ossian et *Paul et Virginie*. Il goûtait peu les poètes de ses premières années, poètes de boudoirs ou de tréteaux, qui confondaient la grâce avec les fadeurs ou étouffaient l'art sous la règle. Indifférent aux écoles et aux préjugés, il exprimait des idées modernes dans la langue du grand siècle, qui est la vraie langue française. Il blâmait ceux qui, regardant la poésie comme le privilège des âges primitifs, ne savent qu'imiter et recommencer. Il sentait, en lui et autour de lui, dans les besoins et les aspirations de cette société qui venait d'être remuée jusque dans ses fondements, une source nouvelle et plus puissante de poésie. Elvire avait été la première inspiratrice. Elle mourut. L'âme du poète n'en fut pas refroidie, parce qu'elle transporta plus haut les élans de sou amour. La Révolution avait chassé la religion ; l'Empire l'avait rappelée, mais comme moyen de police. La Restauration la reprenait comme une égide pour elle, comme un frein et une consolation pour le peuple. Une école de philosophie, qui avait mis les doctrines de l'Encyclopédie en catéchisme, s'efforçait, dans la métaphysique, de se passer de Dieu, et, dans la pratique, de le rendre impopulaire. Lamartine sentait la noble inquiétude de Chateaubriand, le tourment des philosophes spiritualistes.

Il sentait Dieu, il voyait le mal, il cherchait

à les concilier par l'inspiration, comme les philosophes les concilient par l'observation et l'induction. Tout grand poète est doublé d'un philosophe, toute philosophie confine à la poésie. Même origine et même fin; il n'y a de différence que la route. Ramener le monde à Dieu, la société humaine à la foi, et les déshérités de la vie à une condition plus heureuse, ces grands problèmes religieux et sociaux assaillaient son esprit et le remplissaient de tristesse ou de joie suivant qu'il en voyait le côté ténébreux ou le côté lumineux.

Son âme était comme possédée par un christianisme poétique où le scepticisme à peine senti apportait la passion et la lutte, où une sorte de panthéisme inconscient et intermittent ouvrait des horizons éblouissants et des mirages trompeurs. La vieille foi survivait, triomphait, appuyée sur des traditions séculaires et sur les enseignements maternels, toujours présents à son esprit, et renouvelés même après la gloire. Quelle qu'ait été la diversité des impressions que la nature jetait dans son âme et par son âme dans ses vers, le fond en fut toujours un profond instinct de la divinité dans toutes choses. Quand il lisait ses *Méditations* à quelques amis, la nouveauté de ces sentiments et de ce langage leur arrachait des cris d'admiration. Ils copiaient ses vers, ils les apprenaient par cœur, il les récitaient dans le monde. Il fallut le violer pour les publier. Il ne voulut pas d'abord y mettre son nom. « C'est un jeune homme qui s'essaye, disait l'éditeur. Si ces *Méditations* plaisent au public, il en a d'autres qu'il publiera ensuite. » Le succès fut foudroyant. Ce siècle n'en avait pas vu de semblable depuis le *Génie du Christianisme.* Lamartine devint en un seul jour, non seulement illustre, mais populaire. Il eut cette gloire, la plus enviable pour le génie, de charmer les hommes et de les améliorer en même temps, en remplissant leurs cœurs de grands sentiments et en nourrissant leurs esprits de nobles pensées.

Il donna après les *Méditations,* la *Mort de Socrate,* le *Dernier Chant de Childe Harold* et les

6

Harmonies poétiques et religieuses. Dans un morceau sur les *Destinées de la Poésie*, écrit en 1834, il disait : « Ne laisserai-je ma pensée poétique que par fragments et par ébauches, ou lui donnerai-je enfin la forme, la masse et la vie dans une œuvre qui se tienne debout et qui vive quelques années après moi? » Il rêvait d'écrire un poème où le problème de la destinée humaine, tel qu'il se pose aujourd'hui entre la religion et la science, fournirait à lui seul les péripéties du drame et les éléments de la passion. Il n'en a donné que l'épisode de *Jocelyn*, un épisode qui est un poème.

Ce fut une séance mémorable de notre Académie que celle du 1er avril 1830, où le grand Georges Cuvier reçut le jeune et grand Lamartine. Ce jour-là tout le public lettré applaudit dans le monde entier. Il applaudit même Georges Cuvier reprochant à Lamartine de songer à remplir un rôle politique : il semblait qu'il n'eût pas le droit de dérober une de ses journées à la poésie. Trois ans après, et pendant son voyage en Orient, il était nommé député à Dunkerque. L'étonnement fut général. On disait : « Que va-t-il faire dans la galère politique ? » Il semblait qu'il désertât. Pour lui, il pensait que l'action était un devoir. Il faut faire aux hommes tout le bien qu'on est capable de leur faire. Si les hommes qui ont en eux la pensée du ciel désertaient la vie active, ils livreraient la société aux hommes géométriques qui ne sont propres qu'à calculer et qui ne peuvent pas s'élever, puisqu'ils ne savent pas sentir. Il ne voulait agir, dans ces commencements, qu'au sein d'une assemblée, parce qu'on n'y a pas d'autre responsabilité que celle de ses propres actes et de ses propres paroles, tandis qu'on répond de ses voisins dans un ministère. Il ne se serait pas baissé, à cette époque de sa vie, pour ramasser un portefeuille, s'il l'avait vu par terre à ses pieds. Il ne fallut rien moins qu'une révolution pour le faire descendre à la qualité de gouvernant. Il prit à la Chambre le seul rôle qui lui convînt, le rôle d'isolé. Il était trop grand pour entrer dans un parti ; trop grand aussi pour en fonder un : il fut un général sans soldats. Il porta à la tribune les questions sociales, auxquelles nul ne songeait. Il parlait à la postérité. On admirait la magnificence de son langage et l'élévation surhumaine de ses aspirations. Ces géométriques, ces hommes d'affaires disaient : « C'est un poète. » C'était un homme.

L'amour des déshérités lui emplissait le cœur, c'est ce qui le poussa vers la démocratie. Il était de ceux qui veulent, sans violence, mais avec hardiesse et avec foi, tenter enfin de réaliser le beau rêve de l'égalité et de la fraternité. Il a dit qu'il n'avait ni souhaité ni provoqué la révolution qui éclata soudainement en 1848. Je n'en doute pas un instant, quoique ce soit un fait extraordinaire. Il voyait l'horizon avant nous, mais il cessait de voir clair quand il regardait à ses pieds. Il n'en fut pas moins sans le vouloir et sans le prévoir, un des auteurs principaux de la Révolution, par son *Histoire des Girondins*.

Cette histoire n'est pas une histoire. Lamartine n'a jamais été un historien. Il n'a jamais pâli sur les sources, il n'a pas même étudié ce qu'on appelle les ouvrages de seconde main. Il était fait pour raconter et pour orner l'histoire, mais il fallait qu'on lui en donnât la matière toute préparée. Il en était de même pour la littérature : il ne travaillait que sur canevas.

Une fois en possession de la trame des événements ou d'un résumé de l'ouvrage, son esprit s'en emparait, le travaillait, le transformait, y faisait des découvertes inattendues, comblait les lacunes, devinait les secrets, reconstruisait les scènes avec une réalité saisissante, donnait du relief aux caractères et produisait une œuvre qui n'était ni une histoire, puisque la vérité y était sans cesse côtoyée par le roman, ni un roman, puisque la fiction n'y apparaissait qu'appuyée sur l'histoire. Il la revêtait de la magie de son style et disposait en souverain de l'esprit de son lecteur. C'est ainsi qu'avec l'histoire des Girondins arrangée au gré de sa fantaisie et de sa passion il fit une propagande active et puissante pour la République. Il ne se mêla pas à la guerre des rues, il ne la provoqua pas, il ne la désira pas. La République se fit malgré lui et par lui. Quand elle fut faite, son nom fut placé le premier dans la liste des gouvernants.

Il accepta. « J'ai pu, dit-il, prêter loyalement ma main à ce peuple pour inaugurer la République. Dix-huit ans d'indépendance absolue me séparaient des souvenirs et des devoirs de ma jeunesse envers une autre monarchie. Mon esprit avait grandi, mes idées s'étaient élargies, mon cœur était libre d'engagements; mes devoirs étaient tous envers mon pays. »

Jamais révolution n'avait été si subite, ni si complète. Il semblait que le roi, en disparaissant, eût tout emporté. La Révolution, comme toute révolution inattendue, savait ce qu'elle voulait détruire et ne savait ni ce qu'elle voulait fonder, ni ce qu'elle voulait conserver. Que restait-il de la propriété après la victoire des prolétaires? Et que restait-il de la liberté? S'il n'y avait pas de maître, il n'y aurait plus de liberté. S'il y en avait un, que serait-il? Soit qu'il eût des idées ou seulement des convoitises, il ne pouvait manquer d'être un despote, étant arrivé par la violence. Que ferait l'armée? Que ferait l'étranger? Problèmes redoutables. On se demandait surtout, parce que c'était le danger le plus immédiat, ce que ferait le peuple.

Il y avait deux peuples : celui qui voulait sauver et celui qui, à tous risques, voulait changer; le peuple qui voulait durer et organiser, et celui qui ne pensait qu'à se venger et à triompher. Ces deux peuples furent en face l'un de l'autre dès la première heure, l'un avec le drapeau tricolore, et l'autre avec le drapeau rouge. La France anxieuse attendait. Lamartine s'écria : « Le drapeau rouge a fait le tour du Champ de Mars dans le sang et la boue; le drapeau tricolore a fait le tour du monde, portant dans ses plis la liberté et la gloire! » L'acclamation du monde lui répondit.

De ce jour commença pour lui la vie héroïque. Debout sur la brèche, à toute heure,

il apaisait les colères, il attendrissait les cœurs,
il enflammait les imaginations. Cette éloquence
était la seule force du gouvernement provisoire
et de la civilisation. Les rues étaient sillonnées
de députations du matin au soir ; dans les
premiers jours, les pavés n'ayant pas encore
été remis en place, il fallait passer par-dessus
les barricades ; on allait, on allait sans cesse,
dès le matin et jusqu'à la tombée du jour,
portant des drapeaux improvisés avec des
inscriptions naïves ou terribles.

Tantôt, c'était la paix religieuse, tantôt la
Liberté de conscience ou la Paix universelle,
ou la Sécurité du travail, ou les Invalides civils,
ou la Fraternité des peuples. D'autres pancartes
demandaient l'abolition du marchandage, la
journée de dix heures, le droit au travail,
l'impôt progressif. Toutes les fantaisies se
donnaient carrière. On voyait des députations
où les femmes étaient en majorité. Les faubourgs descendaient armés de fusils et de
piques, avalanches d'hommes auxquelles le
gouvernement provisoire n'avait rien à opposer.

Pas un régiment de pantalons rouges dont on fût sûr, pas une escouade. On voyait passer aussi des bataillons entiers de la garde nationale ; mais il fallait les discerner par les cris qu'ils poussaient. Il y avait les manifestants de Grenelle et de Montrouge, ceux de la place Vendôme et des riches boulevards. Où allaient-ils ? à l'Hôtel de Ville ! ils y trouvaient Lamartine.

Lamartine infatigable, impassible, répondant par des élans généreux aux cœurs qui s'offraient et faisant reculer devant lui la révolution sanguinaire. Nous étions tous suspendus à ses lèvres. Chacun disait d'un bout de la France à l'autre : « Il nous reste Lamartine. » On disait comme autrefois : « C'est un poète. » Mais la poésie apparaissait à tous dans son rôle pacifique et sauveur. « C'est un poète, » disait-on ; et l'on se sentait raffermi et rasséréné. Il semblait que le temps des fables fût revenu et que le poète nous tenait tous, amis et ennemis, sous le charme de ses incantations. Il n'avait changé que de théâtre. On ne lui marchandait alors ni l'enthousiasme, ni la reconnaissance! S'il paraissait dans la rue, tout un monde le suivait, avec des cris de tendresse. S'il montait dans une voiture, les chevaux ne pouvaient pas avancer dans cette mer de créatures humaines. Des hommes s'efforçaient de les dételer pour le traîner eux-mêmes en triomphe. Le savait-on à l'Hôtel de Ville, on criait : « Lamartine ! Lamartine ! » jusqu'à ce qu'il parût sur un balcon.

On apprit, le 4 mars, qu'il venait, comme ministre des Affaires étrangères, de parler à la diplomatie européenne un langage qu'elle n'avait jamais entendu. La France avait une seconde fois dans le cours du siècle, fait une révolution pour elle-même et pour le monde. Elle affirmait, une seconde fois, l'avènement du peuple par l'égalité et la liberté. Elle ne faisait pas de propagande hors de chez elle. Elle voulait la paix; elle l'offrait; elle était, dès à présent, l'alliée et l'amie des souverains, comme elle était l'amie, l'alliée et la sœur des

Républiques. Elle gardait sa gloire séculaire, ses traditions, ses habitudes de générosité et de vaillance ; mais elle ne voulait lutter désormais que pour répandre les lumières, favoriser le travail et mettre un terme au paupérisme.

Inspirée par la philosophie, éclairée par le malheur, elle s'imposait la noble tâche de remplacer les compétitions violentes par la fraternité. L'Europe fit comme les faubourgs de Paris, qui sortaient de chez eux tout enfiévrés de colère et y rentraient débordant d'enthousiasme après l'avoir entendu. Une coalition se préparait contre nous. On reconnut la nation française dans les paroles de Lamartine. On nous tint compte de l'ascendant qu'il exerçait. On dit, avec raison, qu'un peuple qui l'écoutait et qui parlait aux autres peuples par sa voix, ne pouvait pas être mis au ban de la civilisation. Nous lui dûmes la paix du monde, comme nous lui devions la sécurité de la rue et de nos demeures.

Aux élections générales, il fut nommé député

par dix départements sans avoir sollicité le mandat. Quand l'Assemblée se réunit pour la première fois au Palais-Bourbon, le gouvernement se présenta tout entier devant elle et fut acclamé. On criait : « Vive le gouvernement provisoire ! » mais on criait surtout : « Vive Lamartine ! » Les députés descendaient de leurs bancs et allaient se planter devant lui pour pousser des bravos et battre des mains.

Un peuple immense entourait le Palais-Bourbon, couvrait au loin les quais, le pont de la Concorde, la place qui ne portait pas encore ce nom. On appelait l'Assemblée nationale, qui sortit du palais, et se répandit sur les marches de la colonnade. On se montrait parmi ces inconnus innombrables quelques hommes célèbres : Pierre Leroux, Ledru-Rollin, François Arago, Lacordaire; le peuple est électrique et débonnaire dans ses jours d'enthousiasme. Mais quand parut Lamartine, on reconnut, aux hourrahs partant de toutes les poitrines, le véritable héros de la journée.

Chacun se disait qu'on ne le bénirait jamais assez, que ce peuple, tout grand qu'il est, n'avait pas de récompense qui fût à sa taille.

Il tomba cependant de ce sublime faîte

Mais il ne me plaît pas de raconter l'ingratitude de la France, ni les douleurs d'une vieillesse qui aurait dû être entourée d'amour comme elle était entourée de gloire. Il était homme, il lui arriva de faillir. Je n'ai pas à juger les détails de sa politique. Il y a tant de gloire dans cette vie que je ne veux ni ne puis y voir autre chose. Il s'était endetté pour donner ; il lui fallait de l'argent pour acquitter des dettes sacrées. Il a demandé cet argent ; on dit qu'il l'a trop demandé. Voilà, en un seul mot, tout le grief. Qu'on dise au moins qu'il n'a rien demandé ni rien accepté pour lui-même. Qu'on dise bien haut qu'il a travaillé jusqu'à la fin avec un courage qui ne s'est pas démenti un seul instant. Il avait gouverné la France, il l'avait sauvée, il l'avait très grandement illustrée ; et cependant il travaillait du matin au soir comme le plus humble d'entre nous, à un âge où il semble que la fatigue du travail soit doublée. Jamais on ne l'a entendu se plaindre de l'ingratitude de ses contemporains, ni du déclin de ses forces.

Son esprit était entier, son cœur était calme. Il n'a cessé de travailler qu'en cessant de vivre. J'ose dire qu'une telle vieillesse ne dépare pas une telle vie, et qu'elle a quelques droits au respect de la postérité.

Mais quand vous nous avez appelés, messieurs, à célébrer son centenaire, toute la population s'est émue. Toutes les académies, toutes les sociétés littéraires sont accourues. L'Académie française a envoyé un de ses grands poètes.

Il me semble que je suis ici dans une fête nationale qui est en même temps une fête de famille. C'est le caractère particulier de Lamartine, d'inspirer autant d'amour que d'admiration. Aucun poète n'a plus souvent parlé de Dieu, et c'est ce qui le rend profondément humain; car si Dieu est loin de nous par sa grandeur, il en est tout près par sa bonté.

Messieurs, voici un beau jour : une gloire sans tache, un peuple sans dissentiment!

LE CARDINAL LAVIGERIE

LE CARDINAL LAVIGERIE [1]

Il n'y a pas lieu de se livrer à de longues recherches pour écrire l'histoire du cardinal Lavigerie. Ses œuvres racontent sa vie. Il suffit d'en faire la nomenclature. J'ai sous la main l'ouvrage de l'abbé Klein, intitulé : *Le cardinal Lavigerie et ses œuvres d'Afrique*, les bulletins périodiques des Missions d'Afrique, enfin une lettre écrite par monseigneur Lavigerie, il y a une quinzaine d'années, à un jeune séminariste, pour lui indiquer les règles et le but de la Société des Pères Blancs.

1. *Vie contemporaine* du 1er janvier 1895.

Ce qui vaut mieux encore que ces excellents documents, ce sont les panégyriques du cardinal, prononcés par monseigneur Perraud, évêque d'Autun, l'un à Alger, l'autre à Carthage, et dans lesquels il a résumé et jugé, avec une admirable hauteur de vues, l'histoire de ce grand combattant de la civilisation et de l'Église. L'évêque d'Autun et le cardinal se connaissaient de longue date. J'ai fait partie avec eux du comité des Écoles d'Orient. L'abbé Perraud, qui avait été mon élève à l'École normale, venait tout récemment d'entrer à l'Oratoire, et l'abbé Lavigerie, directeur de l'Œuvre, était professeur à la Faculté de théologie. Le cardinal Morlot, archevêque de Paris, avait organisé ce comité avec une liberté d'esprit qui honore sa mémoire. Le Père Gratry y côtoyait Crémieux, je m'y trouvais avec Saint-Marc-Girardin et Montalembert. C'était la première œuvre que Lavigerie dirigeait; il y fit son éducation, mais cet écolier passa maître du premier coup.

Né à Bayonne en 1825, élevé à Paris par

M. Dupanloup, qui fut depuis le grand évêque d'Orléans, au petit séminaire de Saint-Nicolas-du-Chardonnet, où il eut pour condisciples trois futurs archevêques : Foulon, Coullié et Langénieux, il appartenait à la Faculté de théologie comme professeur d'histoire ecclésiastique lorsqu'on voulut donner une impulsion plus grande à l'Œuvre des Écoles d'Orient. Il s'agissait surtout de mettre la main sur un directeur habile, car, on le sait, la valeur d'une œuvre dépend de l'homme qui la dirige. Ce fut le Père Ravignan qui indiqua Lavigerie, dont il était le confesseur. Il faut ici copier l'évêque d'Autun. « Le Père de Ravignan aborda la question directement avec son pénitent. Celui-ci lui répondit : « Mon Père, si vous pensez que c'est la volonté de Dieu, je suis prêt. » Le Père de Ravignan répondit : « Je le crois. » L'affaire était conclue.

L'abbé Lavigerie resta à la tête de l'Œuvre depuis 1856 jusqu'en 1861. Il fit des conférences il organisa des comités. A la suite des massacres de Syrie, en 1860, il adressa un chaleureux appel à la charité publique, et, en moins de quelques semaines, il réunit près de trois millions qu'il alla distribuer lui-même.

L'abbé Lavigerie était, comme l'abbé Dupanloup son premier maître, un prêtre militant, un homme d'action. Ce n'était ni un contemplatif, ni un érudit. Il n'avait jamais songé à se renfermer dans les devoirs d'un prêtre de paroisse, faisant des homélies, portant des consolations et des secours, administrant les sacrements et confessant les dévotes. Il se jeta dans les études théologiques, moins par inclination pour ces études en elles-mêmes, que pour assouvir par la polémique son désir de domination, n'ayant pas d'autres moyens à sa disposition que l'étude, l'enseignement et la presse. Son cours n'eut pas grand éclat, ni ses livres un grand débit. Il n'avait pas trouvé sa voie.

Il se fit, par ambition, des amis puissants. Son ambition n'était pas l'ambition de grandir. mais l'ambition de servir. Il serait plus exact de dire qu'il avait de l'ambition pour l'Église.

Le Père de Ravignan le détermina à se charger de la direction du comité des écoles d'Orient ; la négociation fut d'autant moins difficile que l'abbé Lavigerie trouvait, dans ces nouvelles fonctions, une occasion d'étendre le champ de son activité, et de déployer en partie l'activité qui le dévorait. Son cours de la Sorbonne n'avait été qu'une occupation ; ceci était une affaire.

Je note ici en passant qu'il était encore professeur lorsque je le connus. J'étais son collègue à la Sorbonne, comme lui. Il avait assisté à mon cours, n'étant encore qu'élève à l'école des Carmes, et il continua, mais sans assiduité, lorsqu'il devint professeur. Je traitais de l'école d'Alexandrie, et par conséquent des origines du christianisme. Il eut plusieurs fois l'occasion de me demander des explications après la leçon, ce qui établit une sorte de liaison entre nous. C'est lui qui me l'a appris plus tard, quand je le rencontrai à l'oratoire, dans le cabinet du Père Pérelot. Je ne l'avais pas particulièrement remarqué, parmi les jeunes ecclésiastiques qui me consultaient assez fréquemment. Au contraire, je le remarquai sur-le-champ quand je le vis à l'œuvre comme directeur des écoles d'Orient. L'homme d'études n'était qu'un homme ordinaire ; l'homme d'action était une volonté et une intelligence de premier ordre. Il était plein de respect pour les saints qui l'entouraient, et si j'ose le dire, plein de dédain. Il respectait leurs vertus, et il dédaignait leurs conseils. Il agissait en maître toutes les fois qu'il le pouvait, mais il n'était pas le maître, ou du moins il ne l'était pas tout à fait. Quand on parla d'envoyer un délégué en Orient pour distribuer les aumônes recueillies presque uniquement par lui, et pour organiser les secours et la propagande, il se sentit attiré par cette nouvelle fonction. Voyager et gouverner ! Cela valait bien mieux que de quêter, et d'envoyer de Paris des règlements que personne ne comprenait et ne suivait.

On admira beaucoup son dévouement ; je crois qu'il l'admira un peu lui-même. Il se

trompait comme tous les autres. Il croyait faire
un sacrifice ; au fond il obéissait à ses instincts
et à sa passion. Il eut trois fois dans sa vie
cette chance heureuse d'être aidé dans sa
vocation par les événements : cette fois-ci,
quand il partit pour aller sur les lieux réparer
les désastres commis par les Druses ; quelques
années plus tard quand il quitta le paisible
diocèse de Nancy pour aller à Alger créer le
nouveau diocèse, et la nouvelle église que monseigneur Pavy n'avait fait que rêver ; et enfin,
quand ayant réuni l'archidiocèse de Carthage
à l'archidiocèse d'Alger, il porta sa résidence à
Tunis, loin de la domination militaire, aux
confins de la civilisation musulmane et de la
barbarie païenne. Il ne pouvait souhaiter
une situation plus conforme à ses aptitudes et
à ses désirs, à moins d'être pape, et pape de
l'ancien régime, roi temporel et chef des ordres
militaires.

Il n'était encore qu'au début de sa vie de
soldat, quand, professeur d'histoire ecclésiastique, et directeur des écoles d'Orient, il

partit pour aller en Syrie réorganiser au profit de la religion l'influence française.

M. Gebhart, dans un article du *Journal des Débats* où il a donné beaucoup de place aux petits côtés, et quelque attention aux grands, comme on va le voir, raconte ainsi cet épisode de sa vie.

« Les Druses se mirent à massacrer dans les villages du Liban une telle foule de chrétiens maronites, que l'Europe s'émut, et que la France qui tenait à honneur de protéger efficacement sa clientèle orientale, envoya là-bas une escadre et des troupes de débarquement. L'abbé Lavigerie s'était toujours intéressé à ces vieilles chrétientés d'Asie Mineure ; il avait soutenu, à la Faculté des lettres, une thèse sur *l'école chrétienne d'Édesse* ; le comité des écoles d'Orient lui confia une mission apostolique ; il ferma son cours et partit pour la Syrie. Il voyagea pendant plusieurs mois à cheval, à pied, au grand soleil, à la grande pluie, dans les profonds défilés ou sur les froids plateaux du Liban ; il pansa bien des blessures, consola bien des misères, et revint à Paris en 1861, ayant dès lors une réputation faite d'homme d'action et d'administrateur [1]. »

Voici ce qu'il écrivait plus tard au sujet de cette époque importante de sa vie :

« J'étais convaincu que je ne reviendrais pas de ce voyage et que je mourrais sur cette terre d'Orient que j'allais secourir. Je disais donc intérieurement adieu à ma famille, à mes études, à tout ce que j'avais aimé jusque-là, et cependant, cet adieu ne m'attristait pas et j'éprouvais une secrète joie en pensant que j'allais mourir, si Dieu le voulait, pour secourir mes frères. »

Ces sentiments honorent profondément l'abbé Lavigerie. Il les lisait dans son cœur où ils étaient profondément enracinés. En cherchant bien il avait découvert tout au fond une consolation d'une autre sorte dans la conquête qu'il venait de faire de sa liberté. Il était libre enfin puisque ses inclinations et ses devoirs étaient d'accord.

1. *Journal des Débats*, 29 juillet 1895.

En récompense des services qu'il avait rendus en Orient à la cause catholique et à l'humanité il fut nommé chevalier de la Légion d'honneur et, en 1861, auditeur de Rote pour la France. La cour de Rote est un tribunal de cassation, où aboutissent en dernier ressort les affaires contentieuses de la juridiction ecclésiastique. Toutes les hautes puissances catholiques y sont représentées. La juridiction de la Rote est aujourd'hui presque nominale, les auditeurs ne sont plus que des évêques expectants. Deux ans après, on l'appela à l'évêché de Nancy. Pendant les quatre années qu'il y resta, il donna libre cours à son activité débordante et le diocèse devint rapidement sous sa direction, l'un des mieux organisés et des mieux administrés de toute la France. Préoccupé de donner grand essor à l'enseignement ecclésiastique, il fonda à Nancy, une école des hautes études pour les prêtres; les sœurs qui se destinaient à l'enseignement primaire durent se soumettre à des examens sérieux. Il assura aux prêtres de son diocèse les moyens de vivre, en créant une caisse de retraite et de prévoyance. L'archevêché d'Alger étant devenu vacant en 1867, le gouvernement lui offrit ce poste : il l'accepta.

Ses amis lui reprochèrent de quitter le beau diocèse de Nancy où il s'était rendu populaire, où les esprits les plus indépendants respectaient la religion, où il était entouré de ces vieilles familles chrétiennes qui sont la joie et la consolation des évêques, pour aller, loin de la France continentale, dans un pays où notre autorité n'était pas encore affermie et où les musulmans étaient en majorité, se heurter à des difficultés de climat, de langue, de mœurs qu'augmentaient encore les exigences de l'autorité militaire. Mais il était poussé par le même esprit qui, plusieurs années auparavant l'avait placé sur le chemin de Jérusalem. Sa piété, quoique fervente, ne se contentait pas d'écrire des lettres pastorales et de diriger le clergé d'un diocèse : c'était un agissant et un militant, il voulait développer, par la charité et les bonnes œuvres, le prestige de la France et l'influence du catholicisme.

Écoutons ses propres paroles : « Faire de la terre algérienne le berceau d'une nation grande, généreuse, chrétienne, d'une autre France en un mot, fille et sœur de la nôtre, et heureuse de marcher dans les voies de la justice et de l'honneur à côté de la mère patrie ; répandre autour de nous, avec cette ardente initiative, qui est le don de notre race et de notre foi, les vraies lumières d'une civilisation dont l'Évangile est la source et la loi, les porter au delà du désert, avec les flottes terrestres qui le traversent et que vous guiderez, un jour, jusqu'au centre de ce continent encore plongé dans la barbarie ; relier ainsi l'Afrique du nord et l'Afrique centrale à la vie des peuples chrétiens : telle est dans les desseins de Dieu, dans les espérances de la patrie, dans celles de l'Église, votre destinée providentielle. En pouvez-vous concevoir de plus haute, de plus digne de vous et de votre patrie [1] ? »

Qui le croirait ? Le gouvernement, loin

1. Extrait de la première lettre pastorale que monseigneur Lavigerie adressa à ses diocésains.

d'aider l'archevêque dans sa tâche, s'efforçait de le réduire à l'inaction. Il croyait se faire bien venir des infidèles en renonçant à toute propagande. Erreur profonde ! Les musulmans ne rougissent pas de leur foi ; elle leur est comme une patrie. Un peuple sans foi est, à leurs yeux, comme une horde de sauvages, étrangère à la communion de l'humanité. Ce ne fut qu'après de longs services rendus et quand il fallut bien reconnaître en Lavigerie un grand citoyen en même temps qu'un grand évêque, ce fut alors seulement qu'on lui accorda, pour récompense la permission de prêcher le catholicisme. Il avait été servi par la Providence comme les évêques veulent être servis. La famine avait décimé la population arabe. L'archevêque recueillit dix-huit cents orphelins et se chargea de leur entretien, sans même savoir d'où lui viendraient les ressources ; mais n'était-il pas le même homme qui avait amassé trois millions en quelques mois pour les victimes des massacres de la Syrie ? Il nourrit les dix-huit cents orphelins, il les éleva, leur fit apprendre des métiers, bâtit le village de Sainte-Monique et celui de Saint-Cyprien, où il établit une quarantaine de familles, administra ces deux villages en magistrat dévoué et développa leur population qui est aujourd'hui quadruple.

En même temps qu'il devenait colonisateur et fondateur de villes, il créait, parmi les populations indigènes de son diocèse, des dispensaires, des hôpitaux, des écoles; il savait que tout ce qu'il gagnait pour la religion était en même temps gagné pour la patrie. Il ne souffrait parmi ses auxiliaires ni défaillance ni indifférence. Il aurait pu dire aux profanes comme autrefois Lamennais: « Je vous ferai voir ce que c'est qu'un prêtre. » Son clergé algérien, à peine suffisant pour la population européenne, et qui n'avait pas encore été formé à son école, ne lui fournissait pas les auxiliaires dont il avait besoin; il se fit créateur d'ordres aussi facilement qu'il s'était fait fondateur de villes. Il institua l'ordre des Missionnaires d'Afrique si connus depuis sous le nom de

Pères Blancs ; il leur donna une règle dirigée uniquement vers l'action. Ce qu'il lui fallait, en sa qualité de conquérant, ce n'étaient pas des contemplatifs. C'étaient des soldats. Il les voulut indifférents à la fatigue et aux privations méprisant le danger et ne demandant à Dieu et aux hommes que l'occasion de se rendre utiles. Sous sa direction, ils se plièrent à toutes les fonctions, semblables à des pionniers qui s'enfoncent dans un désert où ils ne trouveront de ressources qu'en eux-mêmes ; ils furent prédicateurs, instituteurs, médecins, gardes-malades, agriculteurs ; ils furent surtout bienfaiteurs.

Un Père Blanc, en Afrique, est comme la providence visible ; on l'invoque dans tous les besoins. Le fondateur eut grand soin de ne pas circonscrire leur action dans les limites de notre conquête ; il les lança au dehors.

Dès 1875, trois missionnaires cherchent à pénétrer au Soudan en traversant le Sahara ; ils sont égorgés par les Touaregs ; trois autres tentent la même expédition et subissent le même sort. L'ardeur des Pères Blancs n'en est pas ralentie. Pendant ce temps, d'autres missionnaires, parmi lesquels le Père Livinhac, aujourd'hui évêque et supérieur des Pères Blancs, s'aventurent dans les profondeurs de l'Afrique centrale, dans la région des Grands Lacs. Enfin d'autres s'installent en Tunisie, quand la France ne songe pas encore à y établir son protectorat. Ils fondent, à Saint-Louis de Carthage, un collège où l'instruction est donnée à tous les enfants, sans distinction de croyance. Ils avaient déjà établi notre influence dans le pays, quand nos armées y entrèrent.

C'est surtout dans les pays musulmans, où la religion est si puissante, que l'action des missionnaires exerce son influence. L'Angleterre le sait bien, et les missions qu'elle envoie dans tous les pays du monde sont, à ses yeux, les précurseurs et les pionniers de ses conquêtes. Lavigerie, attentif à leurs efforts et à leurs projets, souffrait comme Français et comme catholique de notre infériorité, et ce fut une des causes qui le déterminèrent à fonder l'ordre des Pères Blancs. Il nous avait frayé la route en Tunisie ; si le temps lui avait été donné, il aurait poussé dans tous les sens ses pacifiques conquêtes. Quel profit ne retirerions-nous pas aujourd'hui de ses efforts, s'il avait étendu son action jusqu'à Madagascar !

Pendant qu'il était en train de faire une expédition dans le monde barbare, Lavigerie eut l'idée d'associer les femmes à son action. Il savait avec quelle énergie et quelle ténacité certaines femmes supportent des travaux qui sembleraient au-dessus de leurs forces quand elles ont une fois arrêté leurs résolutions. Quels sont les moyens d'actions des missionnaires apostoliques ? L'administration des sacrements, la prédication, l'aumône, l'assistance médicale, et surtout l'exemple. Les femmes pouvaient tout donner, sauf l'administration des sacrements. Elles pouvaient agir sur les femmes, dont la puissance est si grande dans les pays où elles sont esclaves, et qui forment comme un monde particulier inaccessible aux hommes. Elles sont plus habiles que les hommes, sinon dans la science de guérir, au moins dans l'art de soulager les malades, et de pratiquer les règles hygiéniques. Leur charité est ardente, persévérante et douce. Leur faiblesse même donne à leurs exemples un charme et une autorité que les hommes ne sauraient avoir. Les commencements des sœurs missionnaires furent bien humbles. C'est un curé breton, qui, dans sa paroisse, recruta quelques filles de bonne volonté pour aller, au delà des mers, dans ces pays inconnus soigner des malades, élever de petits enfants et annoncer la parole de Dieu. On peut dire avec certitude qu'en partant sous la conduite de leur pasteur, elles ne savaient où elles allaient. Elles ne savaient comment elles vivraient chaque jour, pas plus que le mendiant qui se réveille le matin sans pouvoir compter sur autre chose que la pitié des âmes compatissantes et sur la grâce de Dieu. Elles ne sont pas plus riches aujourd'hui, mais elles ont derrière elles un passé déjà glorieux. C'est une richesse bien enviable, et qui les aidera sans doute à conquérir les ressources nécessaires à leur charité. Elles ont à Paris une maison centrale; et dans des pays à peine explorés, encore soumis à la domination des barbares, ici une chapelle, là un asile, ailleurs un dispensaire, partout où elles ont pénétré un établissement de bienfaisance où toutes les misères sont comprises et soulagées excepté la leur.

Les unes restent à la hutte, faisant une école, ou des pansements, ou des vêtements. D'autres partent le matin deux à deux, appuyées sur un bâton, et portant un panier plein de nourriture et de remèdes. Elles vont par des sentiers à peine accessibles; et bravant des dangers de toutes sortes, pour répondre à la voix de Dieu qu'elles entendent partout où l'humanité gémit. Il sera beau, pour la France et pour le cardinal Lavigerie, quand les femmes seront émancipées dans l'Orient, qu'elles doivent leur émancipation aux sœurs blanches, et aux sept filles inconnues parties d'un coin de la Bretagne pour commencer avec rien cette conquête magnifique.

Il faut trois sortes d'armées pour accomplir une conquête: la première, qui explore et prépare; la seconde, qui combat; la troisième, qui exploite et gouverne. Lavigerie avait la première armée et elle nous précéda dans la Tunisie.

Il fut étranger à la seconde partie de la conquête, on peut jurer qu'il le regretta. Si Dieu lui avait mis en main une épée au lieu d'un crucifix, il eût été un grand général. Je vais peut-être trop loin en disant qu'il a été étranger à la conquête, puisqu'il l'avait préparée. Il était, mais dans un autre sens que Carnot, l'organisateur de la victoire. Quel fut son rôle après la constitution du Protectorat? Demandez aux Tunisiens si la France était représentée par son résident général ou par son archevêque. Il faut entendre les récits de tous ceux que leurs affaires ou la curiosité ont amenés sur le territoire de l'ancienne Carthage : amis et ennemis, catholiques et libres penseurs sont d'accord pour déclarer que, dans ces deux diocèses d'Alger et de Carthage et dans les autres diocèses africains, Lavigerie exerçait l'hégémonie matérielle et spirituelle. Il était dans le monde profane plus qu'un gouverneur ou un vice-roi ; dans l'Église, il était le premier après le Souverain Pontife. On lui avait prodigué toutes les grandeurs : cardinal, archevêque d'Alger et de Carthage, primat d'Afrique, apôtre de l'Afrique centrale. Ni le monde ni l'Église n'avaient plus rien à lui donner ; mais il ne voyait dans ces dignités qu'on lui prodiguait que le pouvoir ; agir, toujours agir était son bonheur et sa règle. Il menait de front les travaux du fermier, du vigneron, du négociant, du chef d'ordre, du prédicateur, de l'évêque.

A sa mort, la Société des missionnaires d'Alger comptait, y compris les novices, trois cent quatre-vingt-trois membres, pères ou frères, répartis en sept provinces et six vicariats ou préfectures apostoliques, avec trois évêques, et quarante-sept établissements, dont trente-huit en Afrique. Depuis, de nouveaux établissements ont encore été créés.

Un jour vint où Léon XIII entendit les effroyables récits du trafic des esclaves. Il tourna aussitôt les yeux vers Lavigerie; pour combattre un tel ennemi et affronter une charge si pesante on ne pouvait penser à nul autre. Lavigerie accepta; il n'était pas pris au dépourvu; déjà depuis assez longtemps il était préoccupé de la question de l'esclavage. Les Pères Blancs s'étaient trouvés sur la route des caravanes et lui avaient fait connaître ces horreurs; il avait commencé avec ses seules forces cette lutte terrible, et fait un peu de bien avec de grands efforts. Se charger alors, à l'ordre du Pape, de diriger une campagne en règle où il aurait à la fois contre lui les païens et les musulmans, c'était peut-être trop présumer des forces humaines. Il ne recula pas, même devant l'impossible; jamais il n'a su ce que c'était que reculer. Il part sur l'appel du Pape et se met à prêcher lui-même la croisade, comme un nouveau Pierre l'Ermite. Il parcourt l'Italie, l'Angleterre, la Belgique, la France. On se souvient encore ici de l'émotion terrible qu'il produisit à Saint-Sulpice; partout ce qu'il avait fait on devinait ce qu'il allait faire. Il fonda à Paris, à Bruxelles, à Rome et dans beaucoup d'autres villes des sociétés anti-esclavagistes, indépendantes l'une de l'autre, mais qui se sont un jour réunies en congrès, à Paris, sous sa présidence.

Ce sont des sociétés mixtes composées de prêtres et de laïques, mais où l'élément laïque domine; celle de Paris a pour président d'honneur monseigneur Perraud, évêque d'Autun, et pour président effectif un de ses confrères de l'Académie française. Elle compte aussi parmi ses présidents M. Wallon, l'auteur du grand ouvrage sur l'esclavage, M. Georges Picot; M. Alexandre Dumas a été remplacé par M. le duc de Broglie; elle renferme dans son sein des généraux tels que le général Béziat, le général Fay, le général Philebert, le général Keiser, l'amiral Bonie; des hommes d'État, M. le duc de Broglie; de grands jurisconsultes. M. Bétolaud, M. Bérenger, M. Bardoux, M. Trarieux, ministre de la justice dans le ministère Ribot, M. Petit, conseiller à la Cour de cassation; M. Arthur Desjardins, avocat général à la Cour de cassation; quatre évêques, l'évêque d'Autun, l'évêque de Chartres, qui fut le vicaire général et l'ami de monseigneur Dupanloup [1]. Monseigneur Livinhac, évêque de Paconda, monseigneur Brincat, évêque d'Adrumète, ami et ancien vicaire général du cardinal et qui est aujourd'hui directeur de l'OEuvre [2]; M. Lefèvre-Pontalis, secrétaire général du comité, M. de Rodays, directeur du *Figaro*, M. Anatole Leroy-Beaulieu, M. Lefébure, M. Fontaine de Resbecq. M. Keller dont on connaît l'activité généreuse [3], M. de Courcel, M. le marquis de Vogüé, M. Étienne Lamy,

1. Monseigneur l'évêque de Chartres est décédé en 1895.

2. Monseigneur Brincat a été remplacé sur sa demande par monseigneur Jourdan de la Passardière, qui a remplacé pendant trois ans monseigneur Lavigerie à la tête de l'évêché de Paris.

3. M. Keller a, depuis, donné sa démisssion, au grand regret du président, et sans doute de l'association toute entière.

M. Hervé, M. Brunetière, M. Thureau-Dangin, M. Xavier Charmes, le R. P. Charmetant, M. Chesnelong, M. Cheysson, M. Eugène Gouin, M. Lavedan, M. Le Myre de Vilers, M. Marbeau ; la liste serait longue et glorieuse : je ne donne ici que quelques noms pris au hasard.

Le cardinal, en réunissant de tels hommes autour de lui, se proposait un triple but : d'abord il voulait créer une autorité morale, toujours prête à plaider devant les puissances la cause de l'humanité ; il pensait que du milieu de cette société pourrait se lever un apôtre capable d'émouvoir les foules ou un homme d'État dont la parole arracherait les gouvernements à leur indifférence coupable ; les missionnaires, dont les huttes sont élevées au loin, parmi les barbares, qui sont exposés à tous les mauvais traitements, quelquefois même à des supplices atroces, trouveraient dans les membres de la société anti-esclavagiste des défenseurs, des protecteurs. Un bulletin mensuel appelle la pitié sur les esclaves et peut devenir, avec le temps, le journal des explorateurs pour tout ce qui reste encore dans le monde de terre inconnue : *terra incognita*.

La seconde pensée du cardinal était de recueillir un peu d'argent pour un grand bienfait. Si on ne peut toucher ou combattre les rois barbares, si on ne peut fermer les marchés publics où l'on vend les hommes et surtout les femmes ; si on ne peut faire cesser les traitements épouvantables que subissent les esclaves dans ces tristes caravanes, on peut toujours acheter les plus malheureux, leur procurer la nourriture, des vêtements ou des remèdes. De tous les magiciens qui remplissent les anciennes légendes, le seul qui subsiste encore, c'est l'argent ; le cardinal était accoutumé à le dompter, et comme il avait versé des millions dans toutes ses œuvres d'Afrique, il comptait en verser aussi dans la caisse des esclaves.

Mais sa troisième pensée était la plus caractéristique. Les longues files d'esclaves, enchaînés

par le cou, traversaient toute l'Afrique, sous
la conduite de quelques brigands qui les poussaient à coups de fouet et même en les piquant
de leur lances, qui les abattaient d'un coup
de pistolet quand ils refusaient de marcher, ou
qui, à la moindre maladie, les abandonnaient
en pâture aux lions du désert ; les ossements
des esclaves dévorés permettaient de suivre la
trace des caravanes. Le sang du cardinal bouil-
lonnait à cette pensée ; il n'osait compter sur
l'intervention des puissances civilisées, et se
rappelant les siècles de la Chevalerie, il se
demandait si on ne pouvait pas créer en Europe
un État indépendant d'une nouvelle espèce qui
n'aurait pas de territoire, qui serait une armée
et une armée de nomades, qui combattrait et
exterminerait les trafiquants d'esclaves, sans
aucun profit personnel pour les soldats et avec
la seule pensée d'accomplir une œuvre juste ;
en un mot, il rêvait de rétablir les chevaliers
de Malte ; il y aurait eu un Ordre de moines-
soldats dont il aurait été le Grand Maître.

Je suis bien aise qu'il ait eu cette pensée

parce qu'elle complète son personnage, et je suis bien aise qu'elle soit restée dans les rêves, parce qu'elle ne lui aurait apporté que des déceptions. Il pensait aux zouaves pontificaux qui étaient aussi des chevaliers, mais des chevaliers combattant en bataille rangée, sous les ordres d'un général, pour une cause déterminée et avec l'appui d'un grand parti politique.

Au milieu de cette activité dévorante, le cardinal reçut du Pape une mission nouvelle qui n'était pas la moins périlleuse de toutes celles qu'il avait remplies : il ne s'agissait de rien moins que de réconcilier l'Église de France avec la République française.

A qui appartient l'initiative de cette grande résolution ? Est-ce au Pape Léon XIII ? Est-ce au cardinal ? Il y a des récits dans les deux sens ; j'incline à croire que la même pensée est venue à la fois à deux hommes supérieurs et qu'ils se sont unis pour la mettre à exécution.

Le Pape voyait que l'Église française ne voulait ni ne pouvait cesser d'être concordataire ;

elle était en relations nécessaires avec l'État, et dans ses relations elle apportait une réserve et une froideur qui ressemblaient de très près à de l'hostilité ; elle n'était attachée à aucun des partis qui conspiraient contre la République ; on ne pouvait dire qu'elle fut orléaniste ou bonapartiste ; mais elle était malveillante. Le clergé donnait pour raison de cette attitude l'inimitié dont il était l'objet, les coups dont on ne cessait de l'accabler et qui retombaient sur la religion elle-même. Pouvait-il se montrer respectueux et sympathique pour un régime qui lui était manifestement contraire ?

Les gens sages dans le clergé, et le plus sage de tous était le Pape, répondaient à cela que cette situation était sans issue, à moins qu'elle n'aboutît à la rupture du Concordat ; que, si on voulait la faire cesser, c'était au clergé à donner l'exemple, qu'il représentait la morale évangélique dont le premier mot est le pardon des injures, que tout le monde s'accordait à dire et à penser qu'il devait s'abstenir de toute intervention dans la politique] que le clergé lui-même en convenait. Cette mauvaise humeur, mal dissimulée par les uns, étalée par les autres, sous prétexte de liberté sacerdotale, n'était-elle pas en réalité une intervention politique ?

Même en ne se considérant que comme citoyens, les prêtres devaient respecter le gouvernement que la nation s'était donné ; c'est le devoir de tous et un devoir plus particulier pour eux puisqu'ils doivent donner l'exemple. Respecter le gouvernement ce n'est ni l'approuver ni le soutenir, c'est lui obéir suivant la parole de Jésus-Christ : « Rendez à César ce qui appartient à César » et honorer en lui la nation, puisqu'il la représente. Se séparer ostensiblement de l'autorité, c'est faire de la politique ; lui obéir et la respecter, c'est n'en pas faire.

Les mécontents le reconnaissaient, mais ils voulaient se tenir dans la stricte exécution du traité concordataire ; nous chanterons le *Domine salvam*, disaient-ils, parce que le contrat nous y oblige ; mais on ne chantera pas devant nous la *Marseillaise*, parce que nous ne reconnaissons pas la République.

On ne vous demande pas de zèle, disait la sagesse ; on ne vous demande pas de déclarations bruyantes, on vous demande seulement de ne pas blesser la majorité populaire par vos réticences. Ce chant de *la Marseillaise* est en ce moment le chant national, de même que la République est maintenant la France.

Le cardinal, de son côté, arrivait à la même conclusion. Pour ce grand mouvement de propagande chrétienne et de propagande française qu'il opérait en Afrique, il avait besoin à chaque instant de l'appui du gouvernement. Il sentait que par un cordial concours le gouvernement et lui se donneraient mutuellement de la force. Léon XIII qui, entre autres qualités d'un grand roi, a celle de connaître les hommes, résolut de frapper un grand coup et de se servir pour cela du cardinal Lavigerie. Voici les paroles prononcées à Carthage par l'évêque d'Autun dont la situation est telle dans l'Église de France et dans l'Église universelle que des déclarations venant de lui équivalent à des actes : Précisément, dit-il, parce qu'il était affligé du tort irréparable fait à la France par les haines aveugles et étroites des sectaires, le cardinal était persuadé qu'il fallait faire sans hésiter le sacrifice de ses préférences ou répugnances politiques pour s'unir étroitement sur le terrain constitutionnel, afin de revendiquer la liberté religieuse.

On a trop facilement cru que les paroles prononcées par lui le 12 novembre 1890, en présence de l'état-major de la marine, révélaient de sa part un changement inexplicable d'attitude et le mettaient en contradiction flagrante avec tout son passé. Déjà en 1889, il recommandait au clergé de se soumettre simplement à la forme du gouvernement national. Et dans l'intervalle de ces deux dates, il avait reçu des ordres du Pape. L'encyclique pontificale du 16 février 1892 est venu jeter sur ce point des flots de lumière et prouver que l'archevêque d'Alger n'a été que le docile interprète des pensées du chef de l'Église.

On sait que l'Église n'a pas immédiatement compris le sens du grand acte qui venait de s'accomplir. Beaucoup de catholiques ont pensé qu'il s'agissait de sortir de la neutralité pour entrer dans l'action, tandis qu'au contraire il s'agissait de sortir de l'hostilité pour entrer dans la soumission et la concorde. Le Pape même n'a pas été obéi universellement et du premier coup. On s'est écrié qu'il n'était infaillible qu'en matière théologique. Peu de spectacles sont plus émouvants que celui de ce vieillard tenant tête à l'orage avec douceur et fermeté, ne se plaignant point, ne s'irritant point, ne cédant point, et ramenant peu à peu les plus récalcitrants par la seule force de la persuasion. Le cardinal ne fut pas doux et inébranlable comme le Souverain Pontife ; il fut impétueux à son ordinaire, et comme il eut l'éclat de la passion il en eut la souffrance et les abattements. On rejeta sur lui les colères qu'on n'osait faire tomber sur le chef de l'Église. Ce grand homme qui avait tant fait pour ces deux causes bien-aimées, l'Église et la France, cet apôtre, ce

créateur, ce consolateur fut tout à coup l'objet
des injures et de la haine dans le monde même
qui avait tant profité de son inépuisable activité et qui aurait dû regarder sa gloire comme
un patrimoine sacré auquel il était défendu de
toucher.

Cette réaction impitoyable eut une conséquence cruelle. Les offrandes qui alimentaient
les œuvres du cardinal s'arrêtèrent tout à
coup. Ce monde naissant, car c'était tout un
monde, fut menacé de périr dans sa première
éclosion. Le cardinal Lavigerie souffrit si dou-
loureusement de cet abandon et de cette détresse
que la vie même lui échappa. On peut dire
que l'ingratitude des siens l'a tué. Son héritage
a été partagé entre plusieurs : monseigneur
Dusserre est archevêque d'Alger ; monseigneur
Combes est archevêque de Carthage, avec le
titre de primat d'Afrique ; monseigneur Livinhac
est supérieur général des Pères Blancs : monseigneur Brincat, qui, déjà du vivant du
cardinal, était son vicaire général et son représentant à Paris, est directeur de l'Œuvre anti-

esclavagiste. Chacun, dans son poste, rivalisera de dévouement. Les Pères Blancs qui formaient, pour ainsi dire, la famille du cardinal, continueront à édifier et à étonner le monde par leurs vertus. Tous ensemble, ils n'arriveront pas à remplacer celui qui n'est plus. Une grande force a été supprimée ; une lumière s'est éteinte au milieu de nous.

On parle de lui élever deux statues : l'une à Carthage, qu'il a ressuscitée, l'autre à Bayonne, sa patrie. C'est monseigneur Combes, archevêque de Carthage, et monseigneur Perraud, l'évêque d'Autun, le nouveau cardinal, qui se sont chargés du monument de Carthage. M. Bonnat le peintre illustre, compatriote et ami de Lavigerie, en élèvera un autre à Bayonne. Il faut à ce grand Français un monument sur la terre de France. La France, pour laquelle il a tant travaillé, ne peut l'abandonner complètement à l'Afrique.

LE TOAST DU CARDINAL [1]

On me demande ma pensée sur le toast du cardinal Lavigerie, sur le manifeste de monseigneur Fava, sur celui du cardinal Richard, sur l'union catholique, sur l'union chrétienne, sur tout ce curieux mouvement qui se produit dans l'Église.

J'ai donné à la conduite du cardinal mon approbation pleine et entière. J'ai expliqué bien des fois, à propos de la *Marseillaise*, qu'il a fait jouer, qu'un air national était un air et n'était pas autre chose ; que les paroles dispa-

1. Voir le *Temps* du 6 août 1891.

raissaient complètement ; qu'on pourrait jouer la *Marseillaise* devant un roi — et justement on vient de la jouer devant l'empereur de Russie. J'entendais tous les jours de fête, il y a soixante-dix ans, jouer l'air de *Vive Henri IV* dans les églises ; personne ne pensait à son refrain qui est passablement égrillard. Si on faisait attention aux paroles, nos bonapartistes auraient été de fameux nigauds avec leur *Beau Dunois !*

On se trompe ici, en félicitant le cardinal, et là, en lui reprochant de s'être déclaré républicain. Il n'a pas fait cette déclaration et il n'avait pas à la faire. Il a dit tout simplement qu'il se soumettait, en bon citoyen, au gouvernement fondé et accepté par le pays. C'est son devoir comme Français, disais-je, et c'est aussi son devoir comme chrétien, puisque c'est l'intérêt évident de l'Église.

On demande ce jour-là, si le cardinal Lavigerie accepte la loi scolaire, la loi militaire, la loi sur le divorce ; et je réponds :

Il accepte le gouvernement ; il ne fait pas

acte d'allégeance à un ministère, à une majorité, à un parti. Il garde le droit comme électeur ou comme député, de voter selon sa conscience. Il est citoyen comme nous, en pleine possession de sa liberté.

Les personnes infiniment respectables qui sont entrées après lui dans le mouvement dont il a donné le signal ont avec lui une ressemblance et une différence. Ils ont cette ressemblance, dont il faut les louer, c'est d'avoir compris qu'il ne convient pas à un clergé concordataire de bouder un gouvernement dont il reçoit la protection et les subsides ; et plus généralement à un clergé d'identifier les intérêts de la religion à ceux d'un parti ; et ils ont cette différence qu'il faut, selon moi, leur reprocher, c'est de créer des ligues, des associations dont le but est la religion mais dont le moyen d'action sera la politique. Le Concordat, qui oblige le gouvernement à protéger le clergé, oblige le clergé, comme corps, à ne pas attaquer le gouvernement. Je crois, pour ma part, qu'il n'a ni le droit de l'attaquer, ni le droit de le défendre. En dehors de la question de droit, dès que le clergé entre dans la politique, dès qu'il a ses candidats et son programme, il donne prise à la discussion et ravale les intérêts religieux au niveau des intérêts matériels. La France est loin d'être antireligieuse ; elle est religieuse par les femmes, par les ruraux et par une partie notable des classes éclairées et dirigeantes ; mais elle est foncièrement anticléricale ; elle l'était même sous l'ancienne monarchie. Toutes les fois que le clergé se renferme dans les devoirs de son apostolat, la religion grandit en prestige et en influence ; toutes les fois qu'il se mêle à nos tristes débats, d'abord il s'amoindrit et s'abaisse lui-même, et ensuite il arrête le progrès des idées religieuses et donne lieu à des représailles.

J'espère, dans l'intérêt général, qu'on s'en tiendra à la ligne de conduite tracée par le cardinal Lavigerie. Il s'est avancé jusqu'où il fallait aller. Il est venu au bon moment. Le clergé comprenait qu'il y a danger pour lui à lutter contre la force. Il a besoin du gouvernement qui nomme ses évêques, qui agrée ses curés, qui protège l'exercice de son culte et qui en paye les dépenses. Les républicains comprenaient que c'était mal servir la République que de lui faire un ennemi dans chaque paroisse de France et d'entrer en lutte avec un corps dont la hiérarchie est si fortement constituée et l'influence morale si vivante. On sentait, de part et d'autres, qu'il était urgent de faire la paix. Le seul moyen de faire la paix, c'est de ne pas faire de programme. Le seul moyen pour le clergé de servir la bonne politique, c'est de ne pas faire de politique.

ERNEST RENAN

ERNEST RENAN [1]

Les séances de réception ne sont souvent
qu'un déploiement d'éloquence académique ;
mais quand il s'agit d'un grand mort jugé par
des esprits de haute portée, elles sont, dans
l'histoire littéraire et philosophique, un événement, une date. Tout le monde a lu et veut
relire les discours de MM. Challemel-Lacour et
Boissier. J'engage fortement mes lecteurs à y
joindre le discours prononcé par M. James
Darmesteter devant la Société asiatique, dont
Renan était le président.

1. *Revue de Paris* du 15 février 1894.

M. Boissier, qui joint à infiniment d'esprit
une rectitude de jugement presque infaillible,
a tracé en quelques pages un portrait qui
restera. M. Challemel-Lacour, dans sa belle et
forte étude sur son prédécesseur, a voulu faire
un chapitre d'histoire et non un panégyrique.
Il a loué avec joie; il a critiqué et blâmé en
toute franchise. Il est surtout sévère pour la
philosophie de M. Renan. Il va jusqu'à nier
qu'elle existe. Il en donne ses raisons, qui ne
sont pas de très mauvaises raisons. Il conteste
aussi, il discute, tout au moins, la science de
Renan, surtout à propos de *la Vie de Jésus*. Il
le réduit presque à n'être qu'un lettré. On
sait quels étaient précisément pour le lettré les
dédains de Renan. Il est cruel de le réduire à
cette condition basse et humiliante. C'était,
selon Challemel, un grand lettré, le plus grand
de tous les lettrés. Il tient un des premiers
rangs parmi nos grands écrivains, mais il nous
éblouit sans nous instruire.

Je constate cette sévérité. Je ne reproche pas
au brillant orateur d'avoir dit toute sa pensée.

Renan lui-même n'aurait pas consenti à être épargné. Il était de force à supporter des coups. Sa gloire n'en sera pas diminuée; son âme, s'il assiste à nos débats, n'en sera pas attristée. C'est aux petits et aux humbles qu'il faut toucher avec ménagement.

Après Challemel-Lacour, Boissier et Darmesteter, il n'y a plus de place pour un article; il faut attendre le Livre, qui ne peut tarder. Je ne veux, dans les pages qu'on va lire, que rassembler quelques souvenirs personnels.

Je connaissais Renan depuis 1845 avant la publication d'*Averroès;* j'ai donc quelques droits à dire que je l'ai vu naître. Je dois avouer tout d'abord que je n'ai jamais été dans son intimité comme Berthelot et Boissier; je ne suis qu'un admirateur pris dans la foule, et même, à ma confusion, un admirateur ignorant. J'en sais assez long pour admirer les belles études de Renan; mais je suis hors d'état de les juger. Quelques circonstances, que je signale ici sur-le-champ, donnent peut-

être à mon témoignage une certaine importance d'ordre tout à fait secondaire.

Je viens de dire que je le connaissais depuis
1845 ; nous n'avons cessé d'avoir, l'un pour
l'autre, pendant plus de cinquante ans, une
cordiale amitié ; c'est moi qui. eus l'honneur
de le rétablir dans sa chaire du Collège de
France, d'où l'Empire l'avait exilé. Il voulut
bien me choisir, lors de sa réception à l'Académie, pour être avec Victor Hugo, l'un de ses
deux parrains (coïncidence douloureuse : j'ai
été le parrain de son successeur) ; enfin, comme
nous étions Bretons tous les deux, et Bretons
profondément dévoués à la vieille province,
il arrivait que nous allions ensemble, pendant
les vacances, bénir quelque statue. Tantôt on
nous appelait tous les deux : quand on en
appelait qu'un, l'autre allait par amitié, et,
si c'était moi, par dilettantisme.

Tréguier, la ville natale de Renan, est un
petit port de cabotage où se fait un commerce
assez actif de poisson et de céréales. Vous
voyez un grand bassin de forme ovale, entouré

de tous côtés par des berges très richement
boisées. Au fond est un pont élégant et hardi
jeté sur l'embouchure de la petite rivière. Vis-
à-vis du pont est la haute mer, mais on ne la
voit pas, elle est cachée par les collines. Les
bateaux se glissent entre deux de ces collines
par une passe étroite et sinueuse, et la mer
apparaît tout à coup après quelques coups de
rames.

Le port n'occupe qu'une petite partie de la
berge entre le pont et la passe. Il est fort gai,
malgré quelques tours en ruine, contemporaines de Duguesclin, et accommodées aux
usages modernes. La ville grimpe derrière le
port par deux rues escarpées qui conduisent à
une jolie cathédrale, achevée au xvie siècle, et
commencée deux siècles plus tôt. C'est un
édifice inondé de lumière, dont la flèche de
pierre s'aperçoit au loin, et qui fait à juste
titre l'orgueil du pays.

A droite de la cathédrale est l'ancien évêché,
aujourd'hui inhabité, avec un cloître élégant
du xve siècle; à gauche, une jolie place trian-

gulaire, où le marché se tient dans la matinée. A midi, chaque marchande emporte sa chaise et sa petite table, et la place, balayée en un clin d'œil par les vents de la mer, redevient proprette pour servir de promenoir aux rentiers. La mer, qui rend ce service aux habitants, ne se laisse voir ni de l'église, ni de la place, ni des rues avoisinantes. On ne voit le port que quand on y est, et la mer que quand on prend une barque pour aller la chercher.

La population se compose de marchands de grains, de rentiers, de marins retirés et de quelques gentilshommes, qui sont à Tréguier des seigneurs de haute lignée, et que personne ne connaît à trois lieues de là.

Il y a dans la ville de très nombreux couvents pour une si petite population. On cite surtout le petit séminaire, qui est un des collèges les plus renommés et les plus peuplés de la Bretagne. Les élèves s'y comptent par centaines ; l'enseignement y est donné par des prêtres. C'est là que Renan a été élevé. C'est là que M. Dupanloup a été le chercher pour lui donner une place dans son petit séminaire du Chardonnet, d'où il passa plus tard à Saint-Sulpice. La maison où il est né, et qui n'a pas cessé de lui appartenir, est située dans une des longues rues qui, de la cathédrale, descendent jùsqu'au port : le petit séminaire est tout en haut, de l'autre côté de la place, séparé de la maison natale par une longueur de deux cents à trois cents pas.

Quand je le visitai pour la dernière fois, il y a quinze ou vingt ans, les bons prêtres me parlèrent de Renan avec de grandes marques d'admiration, et ce qui me surprit un peu, et me charma, avec une affectueuse tristesse. Ce ton contrastait avec les colères que suscitait ailleurs *la Vie de Jésus*. Ils me montrèrent la cellule qu'il avait occupée, et qu'ils ont laissée vide. « Il la retrouvera quand il voudra, disaient-ils. Il serait reçu à bras ouverts. On ne lui demanderait rien, pas même une explication. »

Ces paroles me touchèrent beaucoup. J'en

fis part à Renan, qui fut moins étonné que moi. Il ne pouvait pas ignorer certaines violences ; mais il les regardait comme des aigreurs et des colères toutes personnelles. Il ne croyait pas avoir offensé le clergé en disant avec respect, mais avec franchise, ce qu'il croyait être la vérité. Il envoya *la Vie de Jésus* à plusieurs de ses camarades de Saint-Sulpice, devenus évêques, avec des dédicaces affectueuses.

J'ai assisté, peu de temps après 1863, à un déjeuner où il y avait, outre un professeur de philosophie révoqué, un vicaire de la Madeleine, un des plus admirables maître de l'art musical en France, un évêque qui depuis est devenu cardinal, et M. Arnaud de l'Ariège, que j'appellerai, ne sachant dans quelle catégorie le placer, un Père de l'Église laïc. Nous avions tous reçu, de notre ami Renan, un exemplaire de *la Vie de Jésus*, avec une affectueuse dédicace de l'auteur. On ne parla pas d'autre chose ; et pendant toute cette fin d'année, on ne parlait pas d'autre chose en France. « Je pense qu'il

attend mes remerciements, disait l'évêque. —
Et pourquoi ne lui en feriez-vous pas, monseigneur? lui dit-on. Vous ne pouvez reprocher
que de se tromper... » L'évêque interrompit
sur ce mot et parla d'apostasie. L'interlocuteur
reprit ses paroles en y insistant et en les com-
plétant : « Vous ne pourriez lui reprocher que
de s'être trompé, et de n'avoir pas voulu
tromper les autres. »

J'insiste à mon tour sur cette distinction
entre l'erreur et la faute, parce qu'elle est, à
mon avis, très nécessaire pour la juste appré-
ciation du caractère de Renan et de son œuvre.

Tout le monde sait que l'Église catholique
traite comme un crime une erreur en matière
de foi. Renan était sur ce point en désaccord
complet avec elle. Il admettait la liberté de
penser dans toute sa plénitude. Non seulement
il l'admettait, mais il en faisait la règle
essentielle de la morale, comme il faisait de
la recherche de la vérité le but essentiel de la
vie. Son idéal était celui-ci : employer tout
son temps et toutes ses facultés à la recherche

et à la constatation de la vérité ; quand on est en possession de la vérité, l'exposer et la défendre avec tout le zèle dont on est capable. Les apôtres de la foi chrétienne peuvent avoir et ont le plus souvent un double but : répandre la foi ; arracher des âmes à l'erreur. Le côté charitable échappait absolument à Renan, qui ne se sentait pas chargé de peupler le ciel, et qui, tout en respectant profondément la morale, et en souhaitant l'amélioration de l'espèce humaine, ne se regardait à aucun degré comme un directeur de conscience. C'est uniquement à la vérité qu'il songeait ; c'était pour lui une même chose, de cesser de penser, ou de cesser de penser librement. Son attachement pour la vérité était sans emportement et sans violence ; ce n'était pas une passion, c'était une seconde nature. Il ne se concevait pas lui-même abandonnant ou cachant la vérité ; il ne comprenait pas les autres lui reprochant son opinion, du moment que son opinion était sincère ; car c'était lui reprocher d'être lui-même. Sur ce point, je le répète, il était en désaccord et en dissentiment avec ses maîtres de Saint-Sulpice.

La seconde différence roulait sur le dogme catholique lui-même. Renan n'admettait pas la divinité de Jésus, ni par conséquent les dogmes et les mystères qui s'y rattachent. Il croyait que ses maîtres étaient dans l'erreur, et le leur disait avec simplicité, comme il leur aurait dit qu'ils se trompaient sur les dimensions de la lune. Personne ne rendra jamais un plus bel hommage que lui à la personne, au talent et même à l'érudition de M. Le Hir, son professeur. Ses maîtres s'indignaient contre lui et pleuraient sur lui.

Pendant ce temps-là, il leur faisait sa plus profonde révérence, et leur offrait ses services pour rectifier la version de saint Jérôme sur laquelle ils s'appuyaient et qui, d'après Renan, fourmillait d'erreurs. Non seulement il ne leur rendait pas colère pour colère ; mais c'est à peine s'il s'affligeait des colères dont il était l'objet. Il entendait bien les injures ; mais il était habitué aux docteurs du moyen âge dont la polémique était toujours accompagnée de malédictions. Il prenait ces malédictions pour des ornements oratoires, dont il n'usait pas, mais dont il trouvait fort naturel qu'on se servît en parlant de lui. Ces polémiques ardentes étaient en réalité une preuve d'amitié.

Il était convaincu que la vérité était pour lui. Il se savait gré de l'avoir exprimée avec précision, et d'avoir, en toute occasion, rendu pleine et éclatante justice à Jésus et à ses disciples. Il pensait qu'à part les points controversés, on aurait pu le considérer comme un apologiste. Je n'ose dire, pour ne pas être taxé d'exagération, qu'il croyait avoir droit aux remerciements des prêtres catholiques pour avoir fait de Jésus, dont ils font l'homme-Dieu, un homme divin.

Le troisième point de controverse était la question de savoir si Renan, une fois convaincu que Jésus n'était qu'un prophète au sens humain de ce mot, c'est-à-dire un poète et un chef de culte inspiré, avait le droit, avait le

devoir d'abandonner à jamais ceux qui le
présentaient comme un Dieu, qui prêchaient et
même imposaient la croyance au Symbole de
Nicée. Cette troisième question ne pouvait
faire de doute, ni pour Renan, ni pour ses
maîtres. Peut-être quelques vieux confesseurs
auraient-ils essayé de le retenir, en comptant
sur une conversion, et en le tenant à l'écart
jusqu'à ce qu'elle se produisît. La discussion
l'éclairerait, ou la pénitence le materait (je
n'ose me servir du mot de Pascal), ou la grâce
le toucherait. Mais la maison de Saint-Sulpice
a une morale trop éclairée et trop droite pour
ne pas être la première à conseiller la séparation, une fois la dissidence constatée.

Quant à Renan lui-même, il n'avait aucun
doute, ni sur la doctrine qu'il devait croire
comme historien, ni sur la conduite qu'il
devait tenir comme homme. On a parlé de
scepticisme. C'est une accusation que les catholiques portent volontiers contre ceux qui ne
partagent pas leur croyance. Mais le mot n'est
pas bien appliqué. Renan et ses analogues ne

doutent pas; ils affirment très positivement l'humanité de Jésus-Christ et l'absence de révélation divine. Ce sont des incrédules, ce ne sont pas des sceptiques.

Disons ici sur-le-champ, pour rapprocher deux opinions qui dépendent du même principe, qu'on a accusé Renan d'être sceptique en toutes choses, et autant pour le moins en philosophie qu'en théologie. Le symbole de Nicée n'est pas le seul qu'il renie. Il n'est ni avec Descartes, ni avec Leibniz, ni avec Kant, ni avec Schopenhauer. M. Challemel-Lacour le représente comme un homme qui se contredit d'une page à l'autre, et quelquefois dans la même page, et jusque dans la même phrase. Il y met, comme Galatée, de la coquetterie. Il vous échappe au moment où vous croyez le saisir.

Je réponds pour la philosophie, comme pour la théologie, que l'incrédulité est autre chose que le scepticisme. Il ne croyait pas aux systèmes, qu'il appelait des coquilles de noix, et qui dans le fond ne sont que des hypothèses plus ou moins brillantes avec lesquelles on s'efforce d'expliquer l'inexplicable. Cette incrédulité qu'il opposait aux systèmes ne l'empêchait pas d'adhérer fortement à un certain nombre de doctrines et d'y conformer sa conduite. Ce sceptique prétendu, comme M. Boissier et M. Darmesteter en font la remarque, s'est peut-être contredit dans ses opinions, mais il ne s'est jamais contredit dans ses actes. Il a plus d'une fois sacrifié sa position pour se rester fidèle à lui-même. Quitter Saint-Sulpice, risquer de perdre sa chaire au Collège de France, sont des actes de foi qui méritent d'être signalés et qui sentent autre chose que l'absence d'une doctrine.

Mais il appartenait à un siècle critique; il avait, plus encore que ses contemporains, le souci de voir tous les côtés d'une question. De là ces contradictions dont on dénature le caractère quand on y voit une sorte d'ironie préméditée. Ce sont plutôt des exagérations et des subtilités, conséquences fâcheuses de deux qualités excellentes, la clairvoyance et la dialectique. Leibniz a prononcé contre les écarts de cette sorte une condamnation : « Prenez garde aux logiciens à outrance. *Cave a consequentiariis.* Prenez garde à ceux qui voient tous les côtés de la question. »

Ce besoin de tout voir, et de ne souffrir aucune limite ni à sa curiosité, ni à sa sincérité, qui était la note dominante du caractère de Renan, explique sa rancune contre Descartes.

Descartes a contre lui ceux qui ne veulent pas du doute méthodique, parce qu'ils le savent envahissant, et, à l'autre extrémité du monde philosophique, ceux qui ne veulent pas de l'arche sainte où il mettait à part les vérités qui touchent à la morale. Descartes croyait, et Kant a cru après lui, que la morale fait partie intégrante de la méthode.

Mais Renan avait trop l'habitude de penser librement pour accepter une limite à la liberté. Il croyait que, comme l'eau est faite pour couler, une grande intelligence est faite pour voir la vérité jusqu'au bout. En même temps qu'il obéissait à cette nécessité de sa nature,

il sentait l'impuissance qui naît des triomphes
mêmes de la critique. Il savait que les
foules ont besoin de dogmes; que c'est à la
fois leur faiblesse, puisque c'est une limite,
et leur force, parce que c'est leur raison
d'agir et leur moyen de penser. Il contestait
la légitimité de l'arche sainte, mais il en reconnaissait la nécessité. Il ne riait pas de ce
problème, puisqu'il lui a consacré dans sa
jeunesse un livre qu'il n'a jamais publié que
dans sa vieillesse. Il riait des solutions essayées,
dont aucune en effet ne peut être sérieusement défendue. Celle qu'il propose dans son
livre *De l'Avenir de la science* est plutôt un
aveu d'impuissance qu'une solution. En face
de deux besoins contradictoires également
contestés, il n'essayait point de système ; il
proposait à la religion et à la science qui ne
peuvent ni s'annihiler, ni se fusionner, de
conclure une paix éternelle, en s'attribuant
chacune un domaine particulier : à la science,
la recherche de la vérité; à la théologie, la
consolidation des préjugés nécessaires. Donnez-

nous les académies et le Collège de France avec les journaux scientifiques, et nous vous laisserons les petites écoles et vos catéchismes. Cette opinion ne diffère pas tant qu'on le croirait des deux sœurs immortelles tant reprochées à Thiers et à Cousin. Renan l'exposait d'abord, et il terminait son exposition par un éclat de rire, qui, cette fois, était à sa place.

Entre ces deux mondes, le clairvoyant impuissant par excès de clairvoyance, et l'aveuglé que ses illusions mêmes rendaient capable de produire, le choix de Renan n'était pas douteux ; il allait du côté de la vérité. Il fit ses premiers pas dans cette séparation en 1845, quand il sortit du séminaire, et il y persista toute sa vie.

C'est à l'occasion de son changement d'état que je le vis pour la première fois. Je le connaissais beaucoup de réputation, quoiqu'il fût tout jeune. Dès son enfance, il avait été la merveille de Tréguier, et depuis qu'il était à Saint-Sulpice, on pensait qu'il serait un Lamennais. Il était tout le contraire ; mais nos compatriotes voulaient dire seulement qu'il serait, comme Lamennais, un très grand homme.

Je le vis entrer un matin dans la chambre où j'écris en ce moment. Je le fis asseoir dans le fauteuil qui est là devant moi; c'est la même chambre, le même fauteuil. Il y a de cela bien près de cinquante ans. C'était en 1845. Si vous voulez savoir quel était alors son aspect extérieur, vous n'avez qu'à fermer les yeux, et à vous le réprésenter tel à peu près qu'il était il y a quatre ans. On peut dire de lui que son corps n'avait jamais été jeune, et que son esprit l'a toujours été.

Il était en soutane, et j'aurais juré alors que ce costume était fait pour lui; qu'il n'en porterait jamais d'autre. Il fut quelque temps à trouver une place pour son chapeau. Il commença par le mettre à terre; puis il le prit sur ses genoux; puis il le remit à terre, où définitivement il le laissa.

Il me dit qu'il venait me voir parce que j'étais Breton et professeur de philosophie. Il avait, me disait-il, un conseil à me demander.

Je crois surtout qu'il avait un récit à me faire.
Il était bien sûr qu'en me le faisant il le faisait
à Uzel, à Quintin, à Saint-Brieuc, où il avait
intérêt à donner ses raisons. Ses premiers mots
me mirent au courant de la situation.

— Je suis, dit-il, élève de Saint-Sulpice. Il
s'agit pour moi, de sortir du séminaire et de
quitter cet habit.

Ce n'était pas la première confession de ce
genre qui me fût faite. Mais les deux autres
m'avaient parlé en philosophes, sur les conditions de la certitude, et sur l'impossibilité de
concilier les miracles avec les principes de la
raison : M. Renan ne me parla que de phi-
lologie.

— Vous savez, me dit-il, combien la version
de saint Jérôme est inexacte, et le parti que
les apologistes ont tiré de la fameuse phrase...

Il me flattait. Ce qu'il y a de plus remar-
quable en moi, c'est ma profonde ignorance.
J'en rougis et j'en gémis ; mais je n'ai jamais
pu réagir contre le défaut d'éducation première.

Je l'en avertis, et le priai d'entrer dans

tous les détails nécessaires pour que je fusse bien au courant.

L'abbé Le Hir avait donc cité la phrase de saint Jérôme, et, dans un commentaire lumineux, il en avait déduit l'authenticité de la Révélation, avec toutes les conséquences qui s'ensuivent.

— Il était évident pour moi, dit M. Renan, que l'abbé Le Hir ne savait pas l'hébreu, ce qui était désolant pour un professeur d'exégèse.

Je fis un geste d'assentiment.

— Quoique fort ému, continua mon visiteur, je crus devoir l'avertir de la méprise qu'il commettait. Je me levai, m'inclinai, suivant l'usage, et prononçai la formule accoutumée :

» — *Liceat loqui, pater reverendissime.* »

» — *Do veniam,* me dit-il avec bonté.

» J'exposai alors que son argumentation était très forte, mais qu'elle reposait sur le texte de saint Jérôme, lequel était un contresens.

— Vous auriez raison, lui dis-je, si saint Jérôme avait traduit fidèlement l'hébreu. Mais voici le texte hébreu, qui dit précisément le contraire; d'où il résulte que vous avez tort.

— Et que dit alors l'abbé Le Hir? m'écriai-je, vivement intéressé par cette scène d'intérieur.

— Il réfléchit quelque temps, dit **M. Renan**. Puis il me dit avec douceur ces propres paroles :

— » Monsieur l'abbé, vous réciterez les sept Psaumes de la pénitence à genoux devant le saint sacrement.

— Et vous, lui dis-je, que répondîtes-vous?

— Je répondis ce qu'on répond en pareil cas : « *Gratias ago quam maximas, pater dilectissime.* »

— Et vous fîtes votre pénitence?

— Et je la fis.

Il débita alors un panégyrique de l'abbé Le Hir, qu'il conclut par ces mots :

— Mais il ne savait pas l'hébreu.

— Et depuis? demandai-je.

— Je suis revenu à la charge, dit Renan, et je n'ai eu que la même réponse. Je ne puis pourtant point passer ma vie à réciter les Psaumes de la pénitence.

Je souriais. Il rêvait. Mais, je ne voyais pas l'anxiété poignante d'un chrétien qui va perdre la foi. C'était plutôt un philosophe qni faisait un pas de plus dans la découverte de la vérité et qui découvre de nouveaux horizons. Je fus très frappé de cette situation sur le moment. Je me dis que ce n'était pas un passionné, un tourmenté comme Lamennais, qu'il vivait de curiosité, calme, résolu, souriant. Pour le moment il était préoccupé de sa situation matérielle qu'il ne prenait pas au tragique, mais dont il sentait la gravité.

Rentrer dans le monde, il le fallait sans doute. Il n'y avait pas un coin dans le monde où il fut attendu. « J'aurai beau quitter cet habit, disait-il, on me reconnaîtra partout. L'éducation que j'ai reçue est comme les sacrements de l'Église qui impriment un caractère. »

A l'époque où cette scène se passait, je ne connaissais pas la *sœur Henriette*, c'est depuis la mort de Renan qu'elle a fait irruption dans

son histoire. D'abord on a publié une nouvelle
édition de l'opuscule qu'il lui a consacré, et
qui n'était connu jusque-là que des initiés;
c'est un morceau vraiment délicieux, et qui
fait autant d'honneur à l'âme de Renan qu'à
son génie d'écrivain. Ensuite, on a exhumé un
paquet de lettres entre le frère et la sœur où
se trouve traitée la grosse question de la vocation. C'est un recueil aussi intéressant pour la
morale et la psychologie que pour l'histoire de
Renan.

J'ai vécu dans l'intimité d'un ancien prêtre
dont on disait qu'il avait tout à fait oublié cet
incident de sa vie. J'ai toujours regretté de
n'avoir pas assez pénétré dans sa confiance pour
oser l'interroger, ou tout au moins pour jeter la
sonde dans cet abîme. Il menait la vie d'un
sage et presque d'un ascète; il n'aurait pas vécu
autrement s'il était resté dans le sacerdoce.
Il n'ouvrait pas la bouche sur les questions
religieuses et gardait un silence obstiné si on
les traitait devant lui.

Je crois qu'il n'allait pas à l'église; mais

je remarquai à la longue qu'il ne sortait jamais de chez lui pendant les offices où la présence des fidèles est obligatoire. A quel motif obéissait-il en agissant ainsi? Je ne puis faire que des conjectures.

L'université se peupla sous l'Empire de prêtres assermentés et de prêtres séculaires, membres pour la plupart des anciennes congrégations enseignantes. C'était le temps où les Talleyrand et les Fouché étaient ministres; où les Daunou, les Desrenaudes, les La Romiguière occupaient les places les plus élevées dans l'enseignement. Il y eut, après 1870, une nouvelle génération de déserteurs; mais ceux-ci se retiraient volontairement, sans y être poussés par les sévices et la proscription. C'étaient pour la plupart des jeunes gens qui n'avaient reçu que les ordres mineurs. Leur rentrée dans le monde était pour eux un simple changement de carrière, tandis que les autres avaient reçu la terrible visite d'une révolution sociale.

Renan et Lamennais n'ont rien de commun

ni avec les prêtres de l'ancien régime qui, entre la mort et le siècle, ont opté pour le siècle; ni avec les abbés de la restauration qui ont changé d'avis sur le sacerdoce en même temps qu'il a cessé de mener aux emplois et aux honneurs.

Si je rapproche un instant Renan et Lamennais, qui n'ont rien de commun entre eux que d'être entrés dans l'Église et de l'avoir quittée, c'est que ce sont deux esprits d'un ordre supérieur et qu'il est curieux de comparer les raisons de l'un à celles de l'autre. Lamennais a quitté l'Église et la foi par colère. On ne peut pas dire que Renan soit un révolté. Il n'a jamais ni voulu ni cru l'être. Il était en dissidence avec des confrères sur la divinité de Jésus-Christ. Cela ne l'empêchait ni de les estimer ni de les aimer.

J'ai seulement côtoyé Lamennais, qui a toujours été de ma part l'objet d'une curiosité ardente et inassouvie. Nous avons échangé deux lettres à propos de la politique. J'ai publié la sienne dans laquelle il refusait une candidature à la Chambre des députés par cette raison ou sous ce prétexte, qu'il n'était ni éligible ni même électeur. A l'Assemblée constituante, où j'ai été son collègue, il était comme un chartreux voué à l'éternel silence. On ne le vit jamais en conversation avec personne. Même il n'échangeait pas une parole avec un voisin. Nous avions deux représentants qui semblaient s'être condamnés au mutisme absolu : le prince Louis Napoléon et Lamennais. Mais le prince Louis Napoléon, tout en écartant la familiarité, obéissait aux règles de la politesse. Il ressemblait plus à un prisonnier qu'à un moine. On pouvait lui parler; il daignait répondre. L'idée de parler à Lamennais ne venait à personne. C'était un fantôme. Il décourageait les intelligents et faisait peur aux autres. Ce petit homme maigre, vêtu de noir, portant un deuil éternel sur sa figure et dans toute sa personne, traversait une révolution sans s'y mêler, et sans cesser un instant de regretter son isolement. On apprit, j'ignore comment, qu'il voulait être membre de la Commission chargée de préparer la Consti-

lution. On le nomma; il accepta; il n'eut pas
l'idée de collaborer avec les autres à l'œuvre
commune; il fit une Constitution à lui seul.
On la dédaigna avec raison. Il se tut devant
cet affront, comme il avait coutume en toute
occasion de se taire. Il avait été violent et ardent
avant d'être sombre. C'était un charbon éteint.

Renan n'avait pas été dans les ordres. Il
n'était que tonsuré, ce qui n'est rien. Il faut
être sous-diacre pour être astreint au célibat.
Il était passé du collège au séminaire, ou
plutôt du petit séminaire au séminaire. Il
n'était pas encore célèbre. Le combat qui se
livrait en lui n'était rendu tragique que par
la délicatesse de sa conscience. Une fois son
parti pris, il n'y eut dans sa vie, ni remords
ni occasion de remords. Au contraire il avait la
satisfaction de se dire qu'il avait agi en hon-
nête homme et en homme sage. Malgré tout,
le changement était si considérable, et la résolution tellement irrévocable, que la crise fut
longue et cruelle. Que lui auraient répondu
ses maîtres, s'il les avait consultés? Lui au-

raient-ils dit : « Priez et jeûnez, pour que la foi vous soit rendue, » ou, conformément à l'esprit du siècle : « Retirez-vous, vous qui doutez ? »

Nous le savons pour un d'entre eux, le supérieur, que Renan consulta. Le supérieur, dont il vantait la bonté et la sagesse, lui conseilla une première fois l'abstention. En vous abstenant, lui dit-il, vous ne prenez parti ni d'un côté ni de l'autre. Il semble qu'à l'ordination suivante, il ait donné au contraire l'avis de faire ce premier pas. Deux refus successifs d'entrer dans les ordres auraient ressemblé de bien près à une renonciation. Et que risquez-vous ? lui dit son supérieur ; vous ne faites qu'une promesse n'ayant aucun caractère sacramentel, et par conséquent vous restez libre de vos délibérations ultérieures.

Renan céda. Je ne m'engage, dit-il à sa sœur, qu'à aimer et pratiquer la religion, à mener une vie chrétienne ; c'est m'engager seulement à persévérer dans la conduite que j'ai toujours tenue jusqu'ici, et dont je suis résolu à ne pas m'écarter.

Dans la correspondance entre lui et sa sœur publiée dans la *Revue de Paris*, il expose avec la plus grande précision les motifs qui l'ont déterminé à changer de carrière. Et quoique ces pages se trouvent à présent dans toutes les mains, on ne peut se dispenser de les reproduire textuellement ; elles sont d'ailleurs d'une grande hauteur de vues et font autant d'honneur à son intelligence qu'à son caractère.

« Je ne me rappelle pas, dit-il, t'avoir jamais exposé les motifs pour lesquels la carrière ecclésiastique a cessé de me sourire ; je veux le faire aujourd'hui avec toute la netteté d'une âme franche et droite parlant à une intelligence capable de la comprendre. Eh bien! le voici en un seul mot : je ne crois pas assez. Tandis que le catholicisme a été pour moi la vérité absolue, le sacerdoce s'est montré à moi entouré d'un éclatant prestige de grandeur et de beauté. Quelques circonstances accidentelles, provenant des hommes et non des choses, ont pu ralentir quelques instants l'élan spontané de mon âme ; mais ce n'étaient que de légers nuages qui se sont dissipés, aussitôt que j'ai compris que toutes les conditions de la vie étaient assujetties à ces épreuves, et à de plus cruelles encore. Maintenant plus que jamais je me sentirais prêt à les mépriser, et si Dieu m'accordait en ce moment cette illumination intérieure, qui fait toucher l'évidence et ne permet plus le doute, oui, dès ce moment, je me consacrerais au catholicisme, et je me dévouerais, non pas à la mort, puisqu'il ne s'agit plus de cela, mais au mépris et à la raillerie, pour défendre une cause qui aurait ravi ma conviction.

» Mais au milieu de tout cela, ma pensée poursuivait un immense travail. Du moment où ma raison se réveilla, elle réclama ses droits légitimes tels que tous les temps et toutes les écoles les lui ont accordés; j'entrepris dès lors la vérification rationnelle du christianisme. Dieu, qui voit le fond de mon âme, sait si j'y ai procédé avec attention et sincérité. Comment, en effet, juger légèrement et en se jouant les dogmes devant lesquels

dix-huit siècles se sont prosternés? Certainement si j'avais à me défendre de quelque par-
tialité, elle leur était favorable et non hostile.
Tout ne me portait-il pas à être chrétien? Et
le bonheur de ma vie, et une longue habitude,
et le charme d'une doctrine dont on s'est
nourri, qui a pénétré toutes les idées de la
vie? Mais tout a dû céder à la perception de
la vérité. Dieu me garde de dire que le christianisme est faux : ce mot dénoterait bien
peu de portée d'esprit : le mensonge ne produit pas d'aussi beaux fruits. Mais autre chose
est de dire que le christianisme n'est pas
faux, autre chose qu'il est la vérité absolue,
au moins en l'entendant comme l'entendent
ceux qui se portent pour ses interprètes.

» Je l'aimerai, je l'admirerai toujours. C'est
lui qui a nourri et réjoui mon enfance, il m'a
fait ce que je suis, sa morale (j'entends celle
de l'Évangile) sera toujours ma règle; toujours
j'aurai en aversion ces sophistes qui emploient
contre lui la calomnie et la mauvaise foi, car
il y en a qui le font; ceux-là le comprennent

bien moins encore que ceux qui se livrent à lui en se fermant les yeux. Jésus surtout sera toujours mon Dieu. Mais quand on descend de ce christianisme pur, qui bien entendu ne serait que la raison elle-même, à des idées mesquines et étroites, à toute cette mythologie qui tombe devant la critique... Henriette, pardonne-moi de te dire tout cela; je n'adhère pas à ces pensées, mais je doute, et il ne dépend pas de moi de voir autrement que je vois. Et pourtant ils vous disent qu'il faut admettre tout cela, qu'on n'est pas catholique sans cela. O mon Dieu, mon Dieu, que faut-il être donc?... Voilà mon état, ma pauvre Henriette... Il ne s'agit pas entre nous de toute cette théorie. Mais tu comprends maintenant ma position. Oui, je te le répète, c'est là l'unique cause qui m'éloigne du sacerdoce; Humainement, tout m'y sourirait; la vie qu'il impose ne serait pas bien différente de celle qu'en tout cas je mènerai. Je serais sûr en l'embrassant d'un avenir parfaitement conforme à mes goûts, toutes les circonstances semblent

11.

réunies pour m'aplanir les voies; je puis même te le dire, une réputation commencée qui m'assure que je parviendrais à sortir de cet insipide vulgaire... mais tout doit céder au devoir. Il n'y a que maman qui me déchire le cœur; là il n'y a pas de remède. »

En lisant ces lettres, on reste persuadé qu'un des éléments les plus puissants de sa détermination fut la crainte d'affliger sa mère. Lors de son premier refus, il ne pensait qu'au chagrin qu'il allait lui faire. Elle supporta le coup plus courageusement qu'il ne l'avait cru. Il en fut ravi, et s'en félicita vivement avec sa sœur. Elle aurait bien plus souffert la seconde fois parce qu'elle aurait senti qu'il s'agissait d'une résolution définitive.

A ce motif puissant, j'allais presque dire tout-puissant, peut-être se mêlait-il aussi ce désir inné chez Renan, et qui faisait partie de son caractère, de ne pas affliger les personnes avec lesquelles il se trouvait en rapport. Il jugeait très finement et un peu malicieusement les maîtres du séminaire au milieu desquels il vivait;

mais il avait besoin de leur bienveillance, et il n'envisageait pas sans frayeur une rupture qui allait le mettre en froideur ou en hostilité avec tout ce qui l'entourait.

La cessation de la foi qui était la question principale, celle qui devait dominer toutes les autres, et qui, ainsi que je le lui dis sur-le-champ quand il eut l'idée de me consulter, ne laissait pas même place à la délibération; cette question est loin de tenir la principale place dans cette longue délibération avec lui-même, ou, ce qui est la même chose, avec sa sœur : c'est un peu parce qu'il n'avait pas à consulter Henriette sur la question philologique ou sur la question théologique. L'affaire à ce point de vue ne concernait que lui-même; il ne consultait que son propre jugement. En réalité, il voyait surtout dans son changement d'état un changement de méthode. Ce qui le préoccupait, c'était la façon d'étudier. Il ne voyait que cela dans la vie. Il parut en plusieurs circonstances qu'il subordonnait tout, dans la vie, à la liberté de penser,

c'est-à-dire de chercher et de prouver. En
réfléchissant à la situation qui serait la sienne
s'il était prêtre, il ne paraissait pas se souvenir
de l'exercice du ministère spirituel. La prédication même, s'il y pensait, lui apparaissait
comme une controverse. La carrière sacerdotale n'était à ses yeux que la carrière théologique. Un prêtre n'était qu'un homme voué
à l'étude des questions religieuses, et menant,
par profession et par goût, une vie austère. Il
voyait bien cette différence entre le savant en-
gagé dans les ordres et le savant resté dans le
monde, que le premier avait des supérieurs.
Mais, disait-il, Malebranche était prêtre; il
était moine; et cependant il était libre et
même audacieux; et sa doctrine ne lui attira
jamais ni persécution ni tracasserie. Il est clair
qu'en parlant ainsi, Renan a un bandeau sur
les yeux. Les Pères de l'Oratoire ont pu fermer
les yeux sur la prémotion physique; mais
qu'auraient-ils dit, qu'auraient-ils fait si Malebranche avait mis en doute la divinité de
Jésus-Christ?

On peut s'étonner de l'hésitation de Renan.
Il n'hésitait pas à nier; il ne pouvait donc pas
hésiter à quitter. Henriette voyait cela très
clairement; mais elle ne venait pas de passer
cinq années dans un séminaire; elle n'avait
pas subi l'ascendant de la préparation; elle
n'avait pas reçu du ciel, comme lui, ce tem-
pérament qui lui faisait dire : « Je suis toujours de l'avis de celui qui me parle. » Il n'avait
plus la foi, mais il avait toujours la pénétra-
tion et l'intelligence. Il admirait ce qu'il quittait. Il y avait des moments où l'admiration
allait jusqu'à l'acceptation. Il était séparé par
une question de grammaire, par la traduction
d'une phrase, par le sens d'un mot. Il jouait
sa vie sur une virgule.

Je me suis souvent rappelé cette conversation,
que Renan paraissait avoir oubliée. Je me la
suis surtout rappelée dans l'Oratoire de la rue
Saint-Honoré en assistant au mariage de Renan
avec mademoiselle Henri Scheffer, fille du
peintre Henri Scheffer, et nièce d'Ary Scheffer,
le peintre de Mignon. Renan m'avait donné

dans cette première entrevue l'idée d'un homme supérieur, guidé par une conscience délicate. Il ne tarda pas à entrer dans la célébrité par ses études sur *Averroès*. Je me félicite de l'avoir connu dans les temps difficiles, parce que c'est là surtout qu'on connaît un homme.

Une pensée qu'il me confia aussi le retenait, ou plutôt le troublait sans le retenir. Son oncle, qui était prêtre et professeur au petit séminaire de Tréguier, avait consacré les économies de toute sa vie à payer les frais de son éducation. Il voulait faire de lui un prêtre. « Il me semble, disait Renan, que je vais faire faillite. Je manque à la parole donnée. » Mais il n'avait pas donné parole, et on ne donne pas parole contre la morale.

Je me serais reproché d'avoir omis ce détail caractéristique. Renan ne voulait pas contrister son oncle. Il ne voulait pas encourir sa malveillance.

Il fut d'abord maître d'études, dans je ne sais quelle petite institution du Quartier latin, où Marcelin Berthelot était élève. L'écolier et

le maître se devinèrent. Là commença entre le
grand philologue et le grand chimiste, une
amitié que la mort même n'a pu rompre, et
qui profita grandement aux études de l'un et
de l'autre. En 1848, Taschereau le prit à la
bibliothèque. Il y végéta. Il avait commencé
ses admirables travaux; la gloire lui venait;
mais l'administration le dédaignait ou l'oubliait. Il était de beaucoup le premier par
le mérite, mais il était le dernier par le
rang officiel; Taschereau m'en dit la raison :
« On ne veut pas, me dit-il, d'un inférieur à
qui il faut parler chapeau bas. »

Les commencements furent rudes, mais, en
somme, la vie fut heureuse. Il le disait lui-
même quand il était déjà vieux harcelé par
la calomnie et la maladie.

— Tout m'a réussi, disait-il. Tout m'a
souri.

Ses premiers ouvrages avaient solidement
fondé sa réputation de savant. *La Vie de Jésus*
le mit en rapport avec le grand public. C'est
un des plus grands succès du siècle. Tous les

savants durent l'étudier et la discuter. Les profanes, les femmes elles-mêmes la dévorèrent.
Était-ce de l'histoire et de la philosophie?
Était-ce un roman, un poème? C'était tout
cela. Les docteurs en ont encore pour longtemps
à la discuter; mais on la lut jusque dans les
alcôves, comme on avait lu le *Vicaire savoyard*,
comme on avait lu *Jocelyn*. Le livre aboutissait
à la négation, et, par un rare privilège, il
gardait les apparences et le prestige de la foi.
On cria au scepticisme. Si c'est du scepticisme, Renan aura créé le scepticisme atten-
drissant et émotionnant.

Rien ne lui manqua de ce qu'il pouvait
souhaiter, c'est-à-dire de ce qu'il pouvait uti-
liser pour le but unique de sa vie, qui était la
recherche de la vérité sans parti pris. Il voulut
voir l'Orient, il le vit dans les conditions les
meilleures. Il lui fallait une bibliothèque : tous
les grands dépôts de Paris furent à sa disposition. Il avait besoin d'auxiliaires : l'École des
hautes études lui en fournit, et de l'ordre le
plus élevé. On lui donna la chaire du Collège

de France, une chaire indépendante où le professeur n'a pas charge d'âmes : il n'est chargé que de chercher librement. Mais, comme la liberté ne sera jamais chez nous sans une pointe de despotisme, il fut un jour révoqué. La France avait autrefois offert un asile et une chaire à Spinoza ; Spinoza, qui était un sage, n'hésita pas à refuser. Cette petite persécution, supportée avec calme, montra la fermeté d'âme de Renan. Je le rétablis dans sa chaire sans qu'il me l'eût demandé. Ainsi Renan joua deux fois sa carrière, à Saint-Sulpice, au Collège de France, et les deux fois pour la même cause, pour rester fidèle à la vérité, à ce qu'il regardait comme la vérité. Il le fit simplement, sans chercher à se faire payer en popularité. Il fut hanté à plusieurs reprises par le désir d'être député, ce que je n'approuvais pas beaucoup. Je fus chargé une fois de lui offrir une candidature au Sénat. J'avais fait la même démarche auprès de Pasteur, qui ne douta pas du succès, mais ne put découvrir à quoi le Sénat lui servirait pour guérir la tuberculose et la diphtérie. Renan aurait accepté. Les partis sont exigeants et impitoyables.

On lui demanda :

— Voterez-vous avec nous ?

Il réfléchit plusieurs minutes, et répondit enfin :

— Assez souvent.

Cette parole, qui n'était que la déclaration d'un homme sincère, fut acceptée comme un refus.

Il était plus populaire que Taine, ce qui d'ailleurs ne prouve rien. Il était surtout populaire à l'étranger. On disait à Berlin et à Londres : « Renan, Taine, Pasteur ». Son nom était un des noms qui protégeaient la France. Il n'était pourtant ni l'homme d'une église, ni, quoi qu'on en ait dit, le chef d'une école. Il n'était pas sceptique, puisqu'il n'érigeait pas le scepticisme en doctrine, et qu'il avait un certain nombre de croyances, ou gardées d'autrefois, ou acquises : mais il ne les rattachait pas ensemble par un lien systématique.

S'il avait fait une hypothèse, ce qui l'aurait tenté comme on le sent et le voit dans ses Mémoires, il l'aurait donnée pour une hypothèse. Sa force résidait dans son érudition variée et immense, dans l'entière liberté de son esprit et dans son style.

On dit partout : « C'était un magicien. » C'était en effet un magicien. Ce mot semble fait exprès pour exprimer l'espèce de fascination qu'il exerçait.

Son style était chaste, ce qu'il faut louer particulièrement de nos jours. On ne rencontrerait pas dans ses très nombreux ouvrages, un mot, une image qui ne soit digne d'être employée par un grand esprit. Sa langue était pure ; le seul joug qu'il acceptât était celui de l'orthodoxie classique. Il parlait naturellement la langue des grands écrivains, parce qu'il était de leur compagnie et de leur monde. La majesté de sa phrase ne lui ôtait pas sa souplesse, sa variété et sa grâce. C'est même un caractère frappant de sa manière que cette alliance du nombre et de l'élévation avec une grâce aimable et souriante qui ne l'abandonne jamais.

On a remarqué qu'il riait un peu de tout, de trop de choses peut-être ; en tout cas, c'était un rire bienveillant et comme affectueux.

Pour expliquer ce double caractère, la poésie et l'ironie, si rarement unies, et qui, dans Renan, ne se séparent pas, on a eu recours à une certaine théorie d'atavisme qui lui était chère. Il y avait en lui, par ses origines, du Gascon et du Breton.

Je me permets de ne tenir aucun compte de l'atavisme, et de voir dans Renan un pur Breton sur lequel la Gascogne n'a aucun droit à faire valoir. Je veux bien reconnaître qu'on hérite de la force physique de ses pères et qu'on profite de leurs économies, parce que je vois clairement la transmission ; mais pour l'âme, au contraire, je ne la vois pas, et elle n'existe pas. Où la conscience ne voit rien dans le monde de l'esprit, la continuité est chimérique. Je connais l'atavisme depuis longtemps, puisque j'ai été à l'école de Platon, qui lui-même ne le donnait pas pour une doctrine originale, pas plus que la distinction, qui lui était familière, entre le monde du *devenir* et l'unité dégagée de toute matière et conçue dans l'unification la plus absolue. Ceux qui ne savent pas que la Bretagne est partagée entre le rire et la mélancolie ne connaissent pas les mystères de Brocéliande. La Bretagne est comme la mer, qui a ses tempêtes et ses accalmies, et n'en est pas moins éternellement semblable à elle-même.

Ceux qui exagèrent le scepticisme de M. Renan, que je ne veux pas nier d'une façon absolue et qui souvent laisse trop peu de place à l'affirmation, n'ont peut-être pas étudié assez à fond la qualité de son style. Le rire leur a caché l'émotion.

Il me disait, quand il quitta le séminaire, qu'on reconnaîtrait toujours en lui le prêtre, rien qu'en le regardant. On le reconnaissait aussi en le lisant. Ses plus belles pages sont catholiques. Son cerveau était une cathédrale désaffectée, comme l'a dit un homme de

beaucoup d'esprit ; mais c'était une cathédrale.
Elle avait conservé sa vaste nef aux proportions majestueuses, ses bas-côtés pleins de mystère, ses images symboliques, ses traditions
vénérées. On y respirait encore la suave odeur
de l'encens ; on y ressentait l'émotion de la
bénédiction et de la prière. Après tout, il a
vécu avec les saints et les prophètes, et c'est
tout au plus s'il croyait les avoir abandonnés.

Il était certainement ondoyant et divers, et
par conséquent on fera des portraits de lui qui
ne se ressembleront pas entre eux ; mais il y
avait sous cette variété une unité qu'il ne se
souciait pas assez de montrer. C'était un grand
voyageur dans le monde de la pensée. Je voudrais qu'il ne nous eût pas conduits un jour
à l'abbaye de Jouarre ; mais il nous a conduits
au lac de Némi, à Jérusalem, en Phénicie, en
Grèce, sur tous les sommets à travers tous les
siècles.

Il n'a pas fait école en philosophie ; il n'a
pas voulu en faire. Il ne faut le regretter, ni
pour lui, ni pour les autres. Je ne puis juger

l'orientaliste que par les yeux de Darmesteter. Tout compte fait, c'était avant tout un grand écrivain. Cet éloge, qu'il aurait peut-être dédaigné, est le plus grand qu'on puisse décerner à un penseur. Savoir penser est la première condition pour savoir écrire. Renan approfondissait les questions ; mais il avait encore plus d'étendue que de profondeur. Il avait des vues originales sur toutes choses, dans tous les ordres de la science. Il les exprimait dans la langue la plus orthodoxe, persuadé que ceux-là seuls se plaignent de la pauvreté de la langue française, qui n'en connaissent pas les ressources et n'en connaissent pas l'histoire. Vous chercheriez en vain un néologisme ou une incorrection dans les nombreux volumes qu'il a laissés. Son style prend aisément les tons les plus divers ; il en était de même de sa parole, car il était orateur, et surtout professeur, autant qu'écrivain. Ce n'était pas la phrase courte, simple, élégante de Voltaire. Il se rapprochait plutôt de la langue à la fois aisée et majestueuse de

Rousseau, mais avec plus de force. Il savait être simple et familier suivant les sujets. Il passait d'un ton à l'autre et d'un sujet à l'autre avec une facilité sans égale. Il semblait toujours nouveau, et il était toujours attrayant. On lui a reproché d'avoir trop abusé du rire. Peut-être, en effet, en a-t-il abusé dans les derniers temps; mais son rire, comme son scepticisme, a besoin d'être compris. Je me hâte de dire avant tout qu'il n'était jamais affligeant ni décourageant pour personne. Il riait quelquefois des systèmes et des hypothèses, ce qui n'est pas rire de la raison. Il était de ces heureux esprits qui sont contents de la vie. Sans doute, elle avait été bonne pour lui. Elle l'avait pris dans les derniers rangs de la société, pauvre, sans amis, sans appui; et elle lui avait donné un rang dans le monde, les ressources de l'étude en abondance, le commerce des plus grands esprits de son temps, la popularité, et par-dessus toutes choses, la gloire.

Mais il avait eu des heures douloureuses. Il

avait été renié, calomnié, condamné au silence,
réduit à sentir les plus dures épreuves de la
pauvreté. Sa santé, qui n'avait jamais été fort
brillante, s'était avec le temps délabrée. Il
souffrait de deux ou trois maladies à la fois ;
et au milieu de tous ces maux, podagre, dia-
bétique, ne pouvant plus ni manger, ni
dormir, ni presque parler, il disait encore :
« Je suis heureux ; j'ai été favorisé ; je rends
des actions de grâce. » Son rire était quelquefois de l'ironie, et souvent de la joie. Il
nous a laissé ce beau précepte : de faire notre
œuvre en chantant.

QUELQUES SOUVENIRS SUR RENAN

Personne n'était d'un commerce plus
agréable que Renan. Il savait très bien ce qu'il
valait, mais il ne le faisait jamais sentir. Il a
dit quelque part qu'il désirait toujours plaire
à celui qui lui parlait. Ses ennemis se sont
récriés là-dessus : C'est avouer sa duplicité !
Comment pourrait-on avoir confiance en lui,
puisqu'il n'était qu'un courtisan ou un complaisant ? Ces colères n'ont pas l'ombre du
sens commun. On ne pourra donc plus être
obligeant et aimable ? Il avait son opinion,
qu'il n'abandonnait pas, je vous prie de le
croire, pour prendre celle du premier imbécile

qu'il rencontrait; il ne la cachait pas non plus; il la montrait par les côtés qui effarouchaient le moins le voisin; ou bien, il insistait sur des opinions connexes, plus analogues aux instincts et aux désirs de l'interlocuteur. Pour ma part, je l'ai toujours connu très sincère; et il était, par-dessus le marché, très affable et très complaisant. Être franc, mes bons amis, cela ne veut pas dire être cassant.

Je ne m'étonne pas qu'il fût adoré en Bretagne. Quand on se le représentait à Paris, on le regardait comme le plus grand savant et le plus grand génie du monde; et quand on le voyait de près à Tréguier ou à Rosparamon, on trouvait qu'il était le meilleur homme et le camarade le plus facile. Il n'y avait pas moyen d'y résister. Lui, de son côté, se sentant aimé et admiré dans ce pays-là, s'y plaisait peut-être plus qu'à l'Académie et au Collège de France.

Dans sa jeunesse, il prenait ses villégiatures en Judée ou en Grèce, qui étaient le pays de sa pensée. Il les prenait, arrivé à l'âge mûr, dans son pays natal, sur la côte septentrionale de Bretagne. Il présidait d'abord son dîner celtique ; il bénissait une statue, si on en dressait une quelque part, dans une grande ville ou dans un village ; et vite, il allait s'enfouir dans sa maison isolée, ombragée, où il respirait l'air de la mer à pleins poumons. C'est là qu'il était chez lui. Au Collège de France, il était en exil.

J'ai mis le monde sur le pied de venir me voir et de ne pas compter sur ma visite. Comment trouvez-vous cette phrase-là ? Est-elle assez impertinente ? Le plus curieux, c'est qu'elle est vraie. C'est un fait que je ne puis moi-même m'expliquer. Scarron, avec lequel je n'ai pas la fatuité de me comparer, et qui, après tout, n'était pas du premier mérite, avait mis ses amis sur ce pied-là. Je voyais Renan chez moi assez souvent, et, tous les huit jours, à l'Académie et à la commission du dictionnaire dont nous faisions partie tous les deux. Nous faisions aussi quelquefois une course rapide en Bretagne pour inaugurer une statue. Nos compatriotes aimaient assez à se faire faire deux discours dans ces occasions : un de lui, l'autre de moi. C'est comme leur musique ; ils ont deux instruments de valeur très inégale : le biniou, qui est charmant, affriolant, réjouissant ; et la bombarde, qui forme une basse monotone et assez lugubre. La bombarde, qui serait assommante si elle était seule, passe pour un accompagnement agréable.

Nous sommes allés ensemble à Lorient, mon pays natal, pour inaugurer le monument de Brizeux. Lorsque nous fûmes invités à faire les honneurs de cette fête, j'avais une autre cérémonie à présider à douze lieues de là, dans la jolie petite ville de Pontivy. Il s'agissait de mon ami Guépin que Renan ne connaissait pas, car Guépin n'était ni philosophe, ni poète, ni orientaliste. Il rentrait dans mon genre d'affaires comme républicain et grand philanthrope, mais Renan n'avait rien à démêler dans cette partie.

Il fit un crochet, pour ne pas me laisser

seul. Je vous laisse à penser quelle joie pour
la ville de Pontivy. Le soir, pendant le banquet,
où nous étions cent cinquante convives, on lui
fit passer une carte. A peine l'a-t-il vue, qu'il
éclate de rire. Il remit la carte par-dessus la
table à madame Renan, qui était vis-à-vis de
lui, à ma droite. Madame Renan rit à son tour
à gorge déployée. Nous voulûmes savoir le
secret. C'était M. Ary Renan, qui arrivait à
Pontivy à l'heure même, et qui voulait retourner
à l'hôtel en apprenant que nous étions tous en
habit noir, tandis qu'il était en complet de
piqué blanc comme un gentleman en voyage.
Vous pensez bien qu'on le fit entrer par force,
et que le banquet, un peu solennel jusque-là à
cause de la présence du maître, devint bruyant
et animé à partir de ce moment. Nous autres
Bretons nous ne connaissons pas les demi-teintes.

Le lendemain, ce fut le tour de Lorient
d'offrir un banquet à M. Renan, et de lui
porter un toast. Renan excellait dans cette
littérature du dessert. Il s'y délectait, il mettait
tout le monde en joie. Il restait assis, et parlait

à cent convives comme il aurait parlé à l'oreille de son voisin. Il parlait de lui le plus souvent, mais comme on n'était là que pour lui, on trouvait cela tout naturel.

Il ne craignait pas les difficultés ; il avait l'air de ne pas les voir. Lorient est une ville bretonne, et même très bretonne, qui n'est pas entamée dans ses mœurs, mais où la marine avec ses équipages et ses ateliers a importé le républicanisme. C'est comme une île dans le département ; une île républicaine et anti-cléricale au milieu d'un département légitimiste et catholique. Renan le savait ; mais il savait aussi que ces anti-cléricaux et ces libres penseurs, qui étaient hier tout l'opposé, et qui retrouvaient le catholicisme dans toute sa ferveur en rentrant dans la maison, le reniaient par raisonnement et le révéraient par habitude. Il y a partout en France, mais chez nous principalement, de ces incrédules qui s'abstiennent toute l'année de mettre les pieds à l'église, et qui font maigre rigoureusement le Vendredi-Saint. De plus, il va sans dire que nous n'avons pas une muraille de la Chine autour de Lorient, et qu'on y trouve à chaque instant des gens venus d'Auray, la ville sainte, ou de Vannes, ou de Sainte-Anne d'Auray, Bretons à tête dure et à foi robuste. Renan choisit donc la ville de Lorient pour nous parler de ses affaires avec le ciel.

Comment il introduisit ce sujet, je ne puis m'en souvenir, mais cela vint si simplement qu'il nous parut à tous qu'il ne pouvait vraiment pas parler d'autre chose. Il nous rassura sur l'enfer dès les premiers mots; en supposant qu'il y eût un enfer, en dépit de Schrevelins qui n'y croyait pas, ce n'était pas un endroit fait pour lui, il était sûr d'y échapper. Il commença par écarter dédaigneusement cette hypothèse.

Au contraire, il nous expliqua qu'il avait de grandes chances d'aller en purgatoire. Il finit même par nous déclarer qu'il était sûr d'y aller.

— Oui, disait-il, en hochant la tête d'un air de réflexion profonde, et en appuyant son menton sur sa poitrine, je ne puis manquer d'aller en purgatoire.

Il donna ses raisons ; je pourrais vous les redire ; mais vous n'y comprendriez rien, parce que ce serait du Renan sans Renan. Lui seul pouvait conserver cet air de gravité si profonde, et y joindre pourtant de l'enjouement et de la gaîté. Son purgatoire ressemblait à celui de Jean Reynaud (voyez *Terre et Ciel*) avec cette différence principale que le purgatoire de Jean Reynaud existe probablement, tandis que très probablement celui de Renan n'existe pas. On se disait : parle-t-il sérieusement, ou se moque-t-il de nous ? Il ne se moquait jamais de son auditoire, mais il se moquait quelquefois des raisonnements qu'il venait de faire, et en général, de la science humaine. Il se sentait capable ou de la diriger ou de l'abandonner, et c'est pour cela qu'il se sentait le maître. Il paraissait souvent se contredire. Ces apparentes contradictions venaient de ce qu'il voyait avec une égale clarté les deux côtés de la question. Il y avait en lui toute la

puissance et toutes les faiblesses des âges cri-
tiques : ce qu'il nous disait à Lorient, en
faisant semblant de boire du champagne, et en
se parlant à lui-même devant un auditoire où
il ne connaissait personne, aurait ravi une
assemblée de philosophes ou de poètes.

J'avais devant moi pendant qu'il parlait, un
paysan de haute mine, dans la force de l'âge,
portant les cheveux longs et le costume blanc
du Finistère, avec le soleil de soie jaune et
rouge brodé au milieu du dos. C'était le
conseiller général de Quimperlé, bachelier,
riche à vingt mille livres de rente, dont la
femme jouait du piano et trayait les vaches, et
qui, ayant conservé l'habit de ses pères, ne
pouvait manquer d'avoir aussi conservé leurs
croyances. On m'apprit qu'il avait été officier
dans les zouaves pontificaux et que si par
impossible une guerre civile avait éclaté, il
aurait été le général de l'armée royaliste. Je le
regardais attentivement pendant le discours,
qui fut long. Je le vis d'abord irrité et méprisant, puis attentif, puis ébloui, puis ému

presque jusqu'aux larmes. Il mêla à la fin ses acclamations aux nôtres, et je suis sûr qu'il se promit ce soir-là de faire dire des messes pour la délivrance de Renan, aussitôt qu'il le saurait bien établi dans son purgatoire.

Renan, pendant ce temps-là, ne pensait déjà plus au jugement dernier. Il avait trouvé un membre de la Société polymathique du Morbihan et causait avec lui d'un monument mégalithique récemment découvert aux environs de Carnac.

J'aimais beaucoup Renan, et j'aimais beaucoup son talent. Je n'aimais pas du tout ses opinions. Je lui pardonnais de douter, mais je ne lui pardonnais pas de s'en réjouir. Il m'aimait aussi. Je sais bien qu'il s'est vanté de caresser un peu tout le monde. Cela veut dire qu'il caressait les vanités pour avoir la paix ; mais soyez sûr qu'il avait ses préférences. Quand il fut reçu à l'Académie, je fus un de ses parrains ; Victor Hugo était l'autre. Il nous remercia publiquement tous les deux, en appelant Victor Hugo : « mon illustre confrère », et en m'appelant : « mon confrère bien-aimé ». Un journal voulut bien remarquer qu'il ne me donnait pas de l'illustre ; c'est qu'on ne m'en donne jamais et qu'on n'en donnait à personne à côté de Victor Hugo. J'étais content de mon lot, et, comme je viens de vous le dire, je croyais à la réalité de cette amitié. Ceux qui ont cru, sur la foi de Renan, à la banalité de ses sentiments, ou ne l'ont pas compris, ou ne l'ont pas connu.

Notre liaison remontait fort loin, puisque la première fois qu'il vint chez moi, il était en soutane. Justement, c'est pour cette soutane qu'il venait ; il s'agissait de la quitter. Il prenait cela fort au tragique. C'était bien Renan ; mais il n'avait pas, dans cet âge tendre, la liberté d'esprit et l'absence de préjugés qui ont signalé son âge mûr. Il commença par me dire qu'il ne croyait plus et je me hâtai de lui répondre :

— Quittez cet habit.

Il avait un étrange scrupule.

— Mon oncle l'abbé, me dit-il, a payé tous

les frais de mon éducation dans la pensée de me faire prêtre. Si je m'en vais, je le vole.

Je lui ris au nez, ce qui lui fit un plaisir extrême. Pour quitter cet habit, il fallait en avoir un autre. Nous nous mîmes à la recherche d'une redingote. Je crois bien que c'est Hauréau qui la donna, mais je le dis avec hésitation, parce que je tremble de me tromper :

— J'aurai beau mettre cela, disait Renan, j'aurai toujours l'air d'un prêtre déguisé. Jamais je ne saurai regarder les gens en face.

Ce n'était pas faute de courage. Jamais il n'y eut d'écrivain et de professeur plus audacieux. Si vous n'avez jamais été professeur au Collège de France, vous ne savez pas ce que c'est qu'un maître parlant à un tel auditoire, dans un tel lieu, avec une telle solennité et une telle responsabilité, et qui appelle Jésus-Christ un homme divin, comme il eût dit : le divin Platon. Renan disait cela tout naturellement et tout simplement sans crier gare. Remarquez qu'il n'avait pas l'habitude de soigner ses effets. Il ne courait pas, comme d'autres

grands hommes, après les réclames. Il savait
que la gloire ne l'oublierait pas, et il la laissait
venir.

Je sais de lui deux choses que le public ne
devinerait pas : l'une, qu'il était excellent
administrateur, très entendu en affaires et
même un peu minutieux. C'est Boissier, son
successeur et autrefois son adjoint, qui m'a
appris cela. L'autre particularité, c'est qu'il
aimait le monde. Il s'y plaisait. Il y était
assidu. Ses immenses travaux ne l'empêchaient
pas de dîner presque toujours en ville pendant
la saison. Il n'était ni dédaigneux, ni préten-
tieux ; s'amusant de ce qui amusait les autres,
causant avec beaucoup de grâce sans accaparer
la conversation, toujours de bonne compagnie,
riant, aimant à rire, le montrant et disant
volontiers qu'ayant été toujours heureux dans
la vie il avait mille raisons d'être toujours en
joie et en belle humeur. Savez-vous qu'il n'était
pas facile de trouver un meilleur compagnon
de voyage ? Nous avons été deux fois ensemble
à Lorient ; une première fois pour la statue

de Brizeux, et la seconde fois pour celle de Victor Massé[1]. Voici la lettre qu'il m'écrivit pour me demander d'aller avec lui à l'inauguration de la statue de Brizeux :

« Cher ami,

» Je voulais causer avec vous, quand je vous ai cherché à votre place, vous n'y étiez plus.

» Nos petits Bretons m'ont induit à patroner la tentative d'un jeune sculpteur de Saint-Brieux, M. Ogé, qui veut faire une statue de Brizeux pour la ville de Lorient. Je leur ai toujours dit que j'en voulais bien être, mais à une condition, c'est que vous en fussiez. Il faut que le président de l'œuvre soit le maire de Lorient. Puis il y aurait trois présidents honoraires qui seraient : vous, La Villemarqué et moi, puis le comité.

» Acceptons dans ces conditions, cher ami, vous leur avez fait un plaisir extrême l'été dernier. Nous nous trouverions à Lorient, où je

1. Le *Temps*, 20 juin 1893.

n'ai jamais été. Ce serait pour moi une vraie fête. Certainement, si vous n'acceptez pas, je me retirerai ; je n'irai jamais à Lorient sans vous.

» M. Ogé ira vous voir demain matin. Vous avez connu Brizeux, vous pouvez lui apprendre bien des choses, en particulier où est la famille de Brizeux.

» Croyez, cher ami, à mes sentiments les plus affectueux.

» E. RENAN. »

Outre les deux statues de Brizeux et de Massé, Lorient possède encore, et depuis long-temps, la statue de Bisson. Renan me disait en riant : « Il n'y a plus de place ». En effet, il n'y en a plus. Mais je n'étais pas dupe de cette malice. Si Lorient se souvient de moi quand je mourrai, ce sera pour mettre une plaque sur l'échoppe de la rue du Port, qui m'a vu naître, il y a quelques printemps. Une plaque est un monument à bon marché, qui est à la portée de toutes les médiocrités et de toutes les fortunes. Il y en a des fabriques. Cela revient à tant par mètre carré. On en a de belles pour une centaine de francs.

Mais il faut s'occuper de la statue de Renan; il me semble qu'on tarde bien. Nous avons inauguré ensemble la statue du docteur Guépin, à Pontivy. Ce même docteur Guépin a maintenant une autre statue à Nantes. Le président de la République devait l'inaugurer. Je ne doute pas que Renan en ait deux aussi quelque jour, l'une à Paris, l'autre en Bretagne. Il sera chez lui dans la grande ville et dans la petite; car ce grand sceptique parisien et ce savant universel était resté Breton jusque dans ses moelles.

Je voudrais voir sa statue à Tréguier. C'est un peu difficile, j'en conviens. Tréguier est une ville monacale, plus religieuse peut-être et plus catholique que Saint-Pol-de-Léon. Il fallait jusqu'en ces derniers temps aller la chercher au fond des terres, comme on dit dans le pays, car aucun chemin ne passait par là. Une ville de pèlerinage, une ville sainte, très bien située,

du reste sur le penchant d'une colline. En
haut, la ravissante cathédrale, tout ajourée et
riante, avec ses flèches qui montent au ciel;
un jolie place à côté, et deux rues qui descendent jusqu'au quai. On ne voit pas la pleine
mer, cachée aux yeux par un promontoire; on
n'aperçoit qu'une sorte de canal qui forme un
petit port, ayant à droite le pont de Lézar-
drieux, élégant et hardi; à gauche, un goulet
qui donne accès dans la vaste mer. Tout ce
petit recoin, embelli par de belles ruines, est
entouré de côtes escarpées, mais fleuries et ver-
doyantes; les arbres semblent vouloir baigner
dans l'eau leurs racines. Où mettrait-on la
statue? Sur la place, ou sur le port? Il n'y a
pas d'espace dans la rue où il est né et devant
la maison qui lui appartenait. Mais la place
n'est pas loin de là.

Reste à savoir ce que diraient nos paysans.
Quand la ville de Saint-Brieuc a donné le nom
de Renan à une rue nouvelle il y a quelques
années, l'évêque a protesté. Il est évêque de
Saint-Brieuc et de Tréguier. Il ne voudra peut-

être pas de ce grand douteur à côté du tombeau de saint Yves. Depuis qu'on plante partout des statues, nous sommes accoutumés à trouver des difficultés pour l'emplacement. Une des statues de M. Thiers est restée plusieurs années dans l'atelier du sculpteur.

Les petits Bretons aux yeux bleus et aux cheveux blancs qui joueront au pied de la statue demanderont ce que c'est que ce saint-là. On leur dira que Renan est un grand voyageur qui est parti de Tréguier pour aller en Égypte et en Palestine et qui a rempli le monde de sa renommée.

L'EMPEREUR GUILLAUME II

L'EMPEREUR GUILLAUME II[1]

Non, malgré ce titre ambitieux, ce n'est pas un portrait que je vous donne, ce n'est pas même une esquisse. Voilà longtemps qu'on me demande un portrait de Guillaume II. Mais je suis résolu à ne pas le faire. Il me faudrait, pour cette besogne, beaucoup plus de temps que je n'en ai à ma disposition.

Celui qui fera ce portrait devra d'abord étudier à fond l'histoire de l'Europe depuis la mort de l'empereur Frédéric ; car il n'y a pas un événement où Guillaume II n'ait mis la

1. *Revue de Paris* du 1er août 1894.

main. Il devra étudier la diplomatie et jusqu'aux plus petits détails de la vie des courtisans. C'est un des caractères particuliers de l'esprit du jeune Empereur de gouverner à la fois les plus grandes choses et les plus petites; il sait d'avance ce que contiennent les rapports de ses ministres et ceux de ses chambellans.

Son biographe devra aussi connaître avec la plus grande exactitude la vie de plusieurs contemporains qui se confond, presque, avec la sienne: celle du prince de Bismarck qui a été, en quelque sorte, associé à l'Empire; celle du comte de Moltke, dont la destinée a été aussi glorieuse et moins orageuse.

Il a fallu longtemps un jugement très subtil pour discerner dans la direction des affaires ce qui venait du ministre et ce qui indiquait les intentions personnelles du souverain.

Je n'ai rien de ce qu'il me faudrait pour un portrait, et le sujet est trop sérieux pour que je me contente d'une simple esquisse.

On me dit que j'ai vu l'Empereur, que j'ai causé avec lui; j'ai cela de commun avec tous les diplomates qui ont passé quelque temps à Berlin. On ne juge pas un homme tel que celui-là en une heure ou deux.

Il y a deux sortes d'hommes d'État : les taciturnes et, comment dirai-je? je ne veux pas dire les bavards. Les premiers ont toujours l'air de garder un secret, même lorsqu'ils n'ont rien à garder, et les seconds sont si prodigues de leurs confidences, qu'ils ne font que céder au plaisir de parler. Les premiers déroutent la curiosité par la disette, et les seconds par l'abondance. Je dirais volontiers qu'il faut faire une catégorie à part pour Guillaume II; il parle beaucoup parce qu'il pense beaucoup et il vous confie sa pensée sans vous connaître, parce qu'il voudrait la confier à tout l'univers; en me rappelant ce que j'ai vu de lui, je me le représente sous des aspects bien divers; je ne puis jamais le voir au repos.

L'Empereur avait eu l'idée de faire étudier dans un congrès les grandes questions relatives au travail et à la condition des ouvriers. Il

avait demandé à tous les peuples de l'Europe
d'envoyer des délégués au congrès de Berlin ;
presque tous avaient répondu. Nos ministres
pensèrent que l'abstention de la France serait
une abdication et une maladresse. M. Spuller,
alors ministre des Affaires étrangères, prit la
peine de venir chez moi pour me prier de faire
partie de cette délégation. Je n'avais aucune
objection sur l'envoi de commissaires à Berlin ;
j'en avais beaucoup sur le choix qu'on faisait
de moi. Je les développerai peut-être un jour
si j'ai le temps d'écrire l'histoire de ce Congrès
dont on a beaucoup parlé pendant trois mois,
et qu'on a maintenant presque oublié. Les
notes que je réunis ici ne concernent pas le
Congrès lui-même, mais le prince qui l'avait
convoqué. Je me demandais très naturellement
quel accueil il ferait à la France et à ses délégués ; c'était un des côtés intéressants de la
question. Le Congrès était une affaire sociale,
et la réception que nous trouverions à Berlin
était une affaire politique.

Le Congrès se tenait dans les salons de la

chancellerie, c'est-à-dire chez M. de Bismarck,
dont la situation ne paraissait pas menacée,
quoiqu'il fût à la veille de sa disgrâce. L'Empereur ne vint pas à l'ouverture de nos séances
et ne parut jamais au Congrès: mais nous
fûmes invités à une grande réception de cour,
à un concert qui eut lieu pour fêter le Prince
de Galles et à un banquet que l'Empereur
donna pour nous. Ces cérémonies monarchiques
étaient un spectacle intéressant pour moi qui
n'ai pas été élevé sur les genoux des duchesses,
et pour mes collègues français, qui n'avaient
pas même connu l'empereur Napoléon III. Le
palais impérial ne ressemble guère à ce
qu'étaient les Tuileries : c'est un immense
bâtiment, très élevé, construit en quadrilatère,
qui renferme une grande cour pavée, sans
aucun ornement, et se termine par une grande
terrasse qui est peut-être un jardin. Les salons
où l'Empereur reçoit sont tout en haut. On
nous fit monter plusieurs étages par un escalier
qu'on aurait pu prendre pour un escalier de
service, s'il n'avait pas été très éclairé et formé

de grandes dalles en marbre blanc. Il y en a un autre immense et destiné seulement aux Altesses. Nous nous trouvâmes tout à coup devant une porte de dimensions ordinaires gardée par deux soldats magnifiques; c'était l'entrée des salons, où l'on pénétrait sans transition, et où la foule des invités était déjà rassemblée.

Ces salons sont grands et nombreux; ils ne me parurent pas contenir beaucoup de tableaux ni d'objets d'art. Vous pouvez croire que nous prêtions peu d'attention à ces détails, et que nous songions uniquement à l'Empereur qui allait bientôt paraître.

Toute cette foule se porta vers la grande entrée des salons, au moment où l'on annonça Leurs Majestés. L'Empereur et l'Impératrice saluaient à droite et à gauche, et parlaient un moment aux visiteurs privilégiés. L'Empereur me dit quelques paroles obligeantes et l'Impératrice en fit autant, ce qui était une faveur rarement accordée. Je sentis à l'instant que je venais d'acquérir une sorte de petite importance, et je me demandai, non sans me moquer un peu de moi, si je ne me trouvais pas transformé en courtisan. Ce fut bien plus fort quand le grand maréchal du palais vint me dire de marcher seul derrière l'Empereur et de me mettre à table à sa droite. Je fus reconnaissant, comme je le devais, de ces marques de bienveillances accordées à mon pays, et qui ne se démentirent pas pendant toute la durée du Congrès.

Je me trouvai donc à table entre l'Empereur, une dame que je crus être la dame d'honneur ou la grande maîtresse. L'Empereur avait à sa gauche l'Impératrice, et l'Impératrice avait à sa gauche l'évêque de Breslau, mon collègue dans la vice-présidence du Congrès et qui est aujourd'hui monseigneur le cardinal Kopp. Le diocèse de Breslau est un des plus grands diocèses du monde; il contient la ville de Berlin. Son évêque est, me dit un ministre, la plus forte tête du clergé catholique allemand. Je puis dire, pour ma part, qu'il présidait avec beaucoup de talent et d'impartialité et qu'il me donna personnellement des preuves de bonté dont je demeure touché et reconnaissant.

M. de Moltke était vis-à-vis de l'Empereur, et, par conséquent, devant moi.

L'Empereur voulut bien causer avec moi tout le temps du dîner. Ma mémoire n'est pas assez précise pour que je puisse raconter ce qu'il me dit ce jour-là en le distinguant de ce qu'il me dit un autre jour ; mais je me souviens des moindres paroles qu'il a prononcées dans les entretiens que j'ai eus avec lui. Le jour où il reçut toute la cour du haut de son trône, je ne pus que l'apercevoir, et de même le jour du grand concert, dans la salle blanche ; mais il a créé une autre cour dont il m'a fait lui-même l'éloge et qui est aussi enviée que les Marly de Louis XIV ; il reçoit, par semaine, une vingtaine d'amis, pas davantage. Je cite le mot même dont il s'est servi : « Je reçois une vingtaine d'amis, pas davantage ; des officiers, des professeurs ; on croit dans le public que nous tenons une sorte de conseil secret pour nous occuper de politique ; au contraire, nous sommes là pour prendre un peu de récréation, pour godailler; nous parlons d'art, de littérature. » Il me fit l'honneur de m'inviter à une de ces réunions privées.

Je montai de nouveau, et cette fois avec le ministre du commerce, M. Berlepsch, notre aimable et habile président, l'escalier qui conduit aux appartements de gala; mais nous nous arrêtâmes à l'étage au dessous, où je vis plusieurs officiers, parmi lesquels mon compagnon se mêla. Je me trouvai seul et un peu embarrassé de ma personne, ne sachant pas qui nous recevait en ce moment. Il était neuf heures; la pièce était assez mal éclairée dans la lutte produite par la lumière décroissante du jour et la lumière des bougies. Je ne discernais que des sièges et une table en fer à cheval, sur laquelle était cloué un tapis vert. Je croyais être dans une salle d'attente quand un officier, se détachant du groupe le plus éloigné, vint tout seul à moi, en me demandant si j'étais content de ma visite à Sans-Souci.

Je reconnus à l'instant l'Empereur.

J'avais, en effet, visité Sans-Souci le matin, avec sa permission, et dans une des voitures de la cour, qu'on nous avait obligeamment prêtée. Il voulut savoir en détail ce que j'en pensais. Je lui avouai que je n'admirais pas beaucoup la chambre de Voltaire qui est d'un goût un peu tourmenté. Il me parla surtout de celle du grand Frédéric. J'ai vu, lui dis-je, le pupitre, mais je n'ai pas vu la flûte. Il me répondit en riant que je verrais au moins les partitions; qu'il en faisait faire une édition avec beaucoup de soin, et qu'il m'en donnerait un exemplaire : « Ce sera, ajouta-t-il, un souvenir de votre visite à Berlin. » On ne peut pas faire un cadeau avec plus de grâce. Le volume m'a été remis, quelque temps après, à Paris, par l'ambassade d'Allemagne. On prit séance autour de la table au tapis vert, et, comme au jour du banquet, je fus averti de me placer à la droite de l'Empereur. On se mit à boire et à fumer. Cette fois encore, j'eus avec lui une longue conversation, puisque la séance se prolongea au delà de minuit.

Je voudrais bien, avant de vous dire de quoi nous parlâmes, vous décrire la personne de l'Empereur ; je ne sais trop si j'y parviendrai. Je ne l'ai jamais vu qu'en uniforme militaire, dans la rue, au théâtre, dans les cérémonies et même dans cette soirée sans apparat. Je ne crois pas qu'il porte jamais un autre costume. Le jour dont je parle, il avait un uniforme de hussard blanc, et, comme il est très svelte, je l'avais pris de loin pour un jeune officier. On dit qu'il s'habille volontiers en hussard pour dissimuler l'immobilité de son bras gauche ; il est certain que je n'avais aperçu rien en lui de particulier, et que je n'ai pas même songé à vérifier s'il se servait de sa main gauche avec facilité. Je ne connais que par le bruit public l'incommodité dont on le dit atteint. En le rencontrant sans connaître sa qualité, je l'aurais pris pour un jeune officier bien portant et alerte. Sa figure est agréable ; son air affable et bienveillant ; ses cheveux châtains ont quelques reflets d'un blond doré. Ne pensez-vous pas que je parle un peu dans le style des anciens passeports, et j'ajoute, pour compléter la ressemblance que l'Empereur a le teint peu coloré. Il mé donnait assez l'idée d'un de nos jeunes nobles normands ; il avait leur affabilité et leur gaîté. S'il faut tout dire, je croyais bien démêler, derrière cet aspect aimable, quelque chose qui vous avertissait qu'il ne ferait pas bon être en désaccord avec lui en matière grave ; peut-être cette idée me venait-elle de la connaissance que j'avais de sa qualité. Je crois plutôt qu'elle me venait de l'examen attentif de sa physionomie et de sa personne.

Où je fus surtout frappé de ce caractère, c'est quand je le vis en grande pompe dans la salle du trône. Nous étions parqués par catégories dans les salons avoisinants, et, à mesure qu'une catégorie était appelée, les membres qui la composaient passaient devant l'Empereur et l'Impératrice en s'inclinant profondément.

Leurs Majestés étaient sur une estrade assez basse et se tenaient debout devant leurs fauteuils. Vous savez la célèbre définition du trône : quatre planches de sapin recouvertes d'un peu de velours : celui qui s'y assied en fait la force. Je crois que le trône de ce jeune prince était un siège solide, et il le fit voir deux jours après quand il brisa comme verre le chancelier qu'on disait tout-puissant et éternel.

L'Impératrice était en grand deuil, l'Empereur portait son costume de hussard blanc; mais il le portait ce soir-là dans toute sa pompe. On ne l'aurait pas pris pour un sous-lieutenant comme j'ai été tenté une fois de le faire; il avait sous le bras un kolbach de fourrure surmonté d'une aigrette attachée avec un gros diamant. L'étoffe de son manteau disparaissait sous les insignes de tous les ordres du monde. C'était bien l'Empereur qu'on voyait là, immobile, impassible, sévère et, comme aurait dit Saint-Simon, ne bronchant pour personne.

Avant de vous parler de sa conversation, je dois vous dire un mot de sa langue : il parlait français. Facilement ? — Très facilement. — Correctement ? — Très correctement ? —

Avait-il un accent ? — Pas le moindre. Celui qui de nous deux parlait le plus purement, c'était lui ; car j'ai un peu, très peu, l'accent breton et l'Empereur parle comme un Parisien. Il me demanda en riant comment je trouvais sa prononciation :

— Vous parlez, lui dis-je, comme un Parisien.

— Ce n'est pas étonnant, dit-il, j'ai un ami, — il affectionne ce terme en parlant de ses serviteurs, — qui a été mon professeur pendant dix ans et qui est resté ici avec moi ; c'est un Parisien et un puriste ; et m'avez-vous entendu me servir d'une expression peu orthodoxe ? (Je ne suis pas seulement académicien, je suis membre de la Commission du dictionnaire.)

— Une seule fois, lui dis-je.

Je vis qu'il prenait l'alarme.

— Et quand cela ? dit-il.

— Tout à l'heure, quand Votre Majesté a dit : « Nous nous réunissons ici pour godailler. »

— Godailler est français, il est dans le dictionnaire de l'Académie.

— Il est dans le dictionnaire, mais on ne le dit pas à l'Académie, ni dans les salons de l'Académie.

— Je m'en souviendrai: et c'est la seule fois?

— Je le jure, Votre Majesté est, comme son professeur, un puriste.

Il parut s'amuser beaucoup de cette bagatelle.

Il me laissa voir ensuite qu'il avait une connaissance approfondie de nos principaux écrivains. Comme je savais qu'il se tient dans les plus grands détails au courant des affaires de l'État et de celles de l'armée, et que je voyais sa vie occupée et agitée, je ne pouvais comprendre qu'il trouvât encore du temps pour lire nos romans français ; il m'assura qu'il aimait par-dessus tout la vie de famille, qu'il n'était jamais plus heureux que quand il dînait tranquillement chez lui, comme un bon bourgeois de Berlin, avec sa femme, et qu'il lui lisait un chapitre de roman avant de s'endormir. Il faut bien que cela soit vrai, puisqu'il le dit, quoique cette universalité soit à peine vraisemblable. C'est un esprit qui n'est jamais en repos, qui ne perd jamais une minute, et qui saisit tout avec une étonnante rapidité. Je voulus savoir son avis sur nos écrivains en vogue; il ne se fit pas prier; il avait pour le moment une admiration et une antipathie, l'une et l'autre également passionnées. L'admiration était pour M. Ohnet, dont il me fit l'éloge en quelques mots, avec le talent d'un critique de profession.

L'antipathie était pour M. Zola; je dois dire qu'elle était violente.

J'essayai de défendre mon célèbre compatriote en disant que c'était un conteur incomparable et un profond observateur.

— Je veux bien qu'il ait de grandes qualités, me dit l'Empereur; ce n'est pas à elles qu'il doit ses succès, c'est aux vilenies morales et aux saletés dont il empoisonne ses écrits. Voilà ce que vous préférez en ce moment, ce qui vous charme et ce qui donne aux étrangers le droit de juger sévèrement votre état moral.

Je souffrais beaucoup pendant ce temps-là, et d'autant plus que l'Empereur n'y mettait aucune malveillance, aucun parti pris contre nous.

— On dit qu'il va publier un nouveau livre; vous allez voir comme il sera dévoré; toute votre littérature disparaîtra devant ce chef-d'œuvre.

Je me hasardai à dire qu'on le lirait aussi à Berlin :

— Avec dégoût, dit l'Empereur, et par curiosité; il n'aura ici que des lecteurs très clairsemés; il sera chez vous dans les mains de tout le monde.

Il se trompait: je visitai le lendemain les vitrines des grandes librairies; on n'y voyait que Zola; on avait fait disparaître, momentanément, tous les autres livres pour le mieux mettre en évidence. J'appris que plusieurs grandes maisons avaient renouvelé leur commande par le télégraphe. J'ai su, depuis, que la vogue n'avait pas été moindre à Londres.

J'aurais bien voulu obtenir de l'Empereur

quelques mots de politique ; je ne pouvais le provoquer directement sans inconvenance. Je fis plusieurs tentatives avec toute l'habileté dont je fus capable, et toute l'innocence dont je parvins à me décorer, mais il mettait un art consommé à ne pas entendre un mot de ce que je disais. Je réussis pourtant à lui arracher deux phrases, que je n'entendis pas sans plaisir, malgré leur généralité. Nous parlions de la guerre d'une façon abstraite :

— J'ai beaucoup réfléchi depuis mon avènement, dit-il, et je pense que, dans la situation où je suis, il vaut mieux faire du bien aux hommes que de leur faire peur.

Et, comme je serrais la question d'un peu plus près en parlant d'une guerre entre nos deux pays, et en ajoutant que la France, dans sa grande majorité, était pacifique :

— Je vous parle, dit l'Empereur, avec une entière impartialité ; votre armée a travaillé ; elle a fait de grands progrès, elle est prête. Si, par impossible, elle se trouvait en champ clos avec l'armée allemande, nul ne pourrait préjuger les conséquences de la lutte. C'est pourquoi je regarderais comme un fou et un criminel quiconque pousserait les deux peuples à se faire la guerre.

L'homme qui parlait ainsi avec une sincérité dont il n'est pas permis de douter est le même qui a choisi l'Alsace-Lorraine pour théâtre des grandes manœuvres, qui a présidé en personne aux mouvements de l'armée ; qui, à plusieurs reprises, a tenu un langage douloureux pour des âmes françaises et qui a voulu avoir pour témoins de ces démarches l'héritier du trône d'Italie.

Il n'y a peut-être pas entre sa conduite et ses paroles, la contradiction que nous sommes portés à y voir. Les Allemands pensent que les deux pays ont un intérêt égal à se rapprocher, autant au point de vue financier et industriel, qu'au point de vue politique. Ils disent, comme M. Crispi et M. de Bismarck, comme l'Empereur lui-même, qu'en attendant l'alliance franco-allemande, ils ont assuré la paix pour de longues [années en créant la triple alliance. Ils disent qu'il dépend de nous, Français, d'assurer le bonheur de la France et la paix du monde, simplement en acceptant sans arrière-pensée des faits accomplis, sur lesquels il n'est au pouvoir de personne de revenir, et ils soutiennent que la raison nous prescrit cette conduite ; qu'il nous serait possible de la faire accepter à la population et qu'au lieu de nous indigner contre la triple alliance, nous devrions regarder comme un bienfait la ligue qui nous empêche de suivre une politique désastreuse.

Ils font la sourde oreille quand nous leur répondons qu'ils ont jugé autrement le cœur humain après Iéna et qu'il y a quelque différence entre un peuple qui jouit de la paix parce qu'il l'impose et un peuple qui jouit de la paix parce qu'il la subit.

Mais j'écarte ici ces pensées auxquelles on ne peut échapper un instant lorsqu'on demeure en Prusse, et je répète que, selon moi, les paroles pacifiques de l'Empereur expriment une conviction raisonnée et sérieuse ; qu'il veut réellement la paix et qu'il se flatte d'y avoir travaillé plus que personne.

Hélas! il n'y a pas de doctrine plus fausse que celle qui prépare la guerre pour avoir la paix : premièrement, elle a tous les inconvénients de la guerre, car elle sacrifie les finances des États et les florissantes espérances de la jeunesse ; et, secondement, elle inspire de tels sentiments, et elle rend les occasions de conflits si nombreuses et si faciles, qu'il faut un miracle continuel pour éviter une explosion qui serait infailliblement un cataclysme.

Guillaume II a fait plusieurs démarches qui témoignent d'un désir de rapprochement sincère : le Congrès auquel j'ai pris part avec mes amis Burdeau et Tolain en était une. Je citerai encore le voyage à Paris de l'impératrice Frédéric. L'impératrice reçut à Paris l'accueil que ses hautes qualités, son malheur et ses sentiments personnels envers la France devaient lui assurer. Mais nos artistes furent moins résignés ou moins habiles que nos politiques ;

ils refusèrent d'écouter des offres qui, en elles-
mêmes, étaient honorables pour la France et
qui devaient être mieux accueillies, ne fût-ce
qu'à cause de l'auguste princesse qui avait
consenti à les apporter. La paix fut sérieusement menacée par cette aventure, et pourtant
elle ne fut pas troublée, et j'en tire cette
conséquence que l'empereur Guillaume II est
réellement ami de la paix.

Je l'ai trouvé beaucoup moins réservé sur
les questions sociales que sur les questions
politiques, et pour celles-là, j'avais pleine liberté
d'en parler, puisqu'elles faisaient l'objet même
du Congrès. Je puis dire sur-le-champ qu'il avait
sondé très attentivement ce grand problème.
Ce n'était pas un philanthrope, ou du moins,
ce n'est pas le philanthrope que j'ai aperçu en
lui : c'est l'homme d'État inquiet de la formation
d'un État dans l'État. Il me dit qu'il fallait se
préoccuper de l'audace croissante des socialistes.
Moi qui vais plus loin que la préoccupation,
et depuis longtemps, je me hâtai de répondre
moitié sérieusement et moitié en riant, que la

peur est le commencement de la sagesse. Je voudrais bien que l'on eût peur du socialisme, on n'en a qu'une peur intermittente et mal réglée. Un compagnon de haute marque venait de mourir à Elberfeld (je me trompe peut-être de lieu) ; c'était un de ces hommes sur lesquels il y a un nuage. Le conclave socialiste délibéra dans la nuit pour savoir si on lui ferait ou non des funérailles. La résolution de lui décerner les honneurs de chef de parti ne fut prise qu'à deux heures du matin. A huit heures, dix mille personnes suivaient le cercueil :

— Je n'aurais pu faire cela, disait l'Empereur.

Il comparait, non sans effroi, la force de l'opinion à celle que la loi mettait dans sa main.

Cette force dont il était dépositaire, il ne la laisserait pas entamer, mais il irait au-devant de tout ce qui serait juste.

Il mettait au premier rang dans ses préoccupations le charbon ; question de vie ou de mort, aussi nécessaire pour la défense de l'État et l'existence de l'industrie que le pain pour la vie elle-même. Il roulait dans son esprit la formation de régiments de mineurs, avec une forte mainmise de l'État et de grands avantages pour les ouvriers.

A un point de vue tout différent, il songeait à restreindre la durée du travail des femmes; il voyait, dans cette mesure, la restauration de la vie de famille et, dans l'interdiction du travail pour les femmes en couches, la restauration de la race. Cette préoccupation de la race se rattache, chez lui, au culte qu'il professe pour le grand Frédéric. Le jour où le Congrès vota l'interdiction du travail pendant la semaine qui suit l'accouchement, il voulut bien me féliciter de la part que j'avais prise à la discussion.

— Sire, lui dis-je en riant, ce vote-là pourra vous coûter cher.

— Pour une pareille cause, répondit-il, l'argent ne compte pas.

Je cite aussi le repos du dimanche. On n'a pas là-bas de nos sots préjugés qui nous font remplacer dans le texte de la loi le repos dominical par le repos hebdomadaire. On se garde bien de perdre une occasion de fraternité et de joie pour y substituer une occasion de querelle.

Il ne s'expliqua pas sur l'assurance obligatoire, probablement parce que la question lui semblait résolue pour l'Allemagne. Les objections tirées de la liberté absolue le touchaient peu.

— C'est l'abdication ou la suppression de l'État, disait-il.

En effet, il ne s'agit dans la question sociale que de poser la borne entre l'État et la liberté; le tout est de la placer là où elle doit être, selon les lumières et la force de l'initiative privée. Il ne faut pas, sous prétexte de combattre le socialisme d'État, faire la guerre à l'État lui-même.

Le Congrès m'a laissé deux regrets : sa durée a été trop courte; il n'a pas eu pour conséquence un Congrès diplomatique.

On ne pouvait guère en vingt jours qu'effleurer le sujet. On a été droit aux solutions pratiques, et on laissé dans l'ombre les théories philosophiques pour ne pas se perdre dans les généralités. Je n'ai pas même eu le temps de défendre les deux axiomes qui me sont chers et que je répète ici puisque j'en trouve l'occasion. Le premier c'est que l'État doit faire tout le bien que l'initiative privée n'est pas encore capable de faire ; et le second c'est qu'il doit constamment travailler à se rendre inutile en éclairant et en fortifiant l'initiative privée.

Les socialistes du Parlement affectèrent une grande indifférence pour nos travaux ; il fut manifeste qu'ils ne voulaient pas recevoir ; ils voulaient prendre.

Aucun État, si ce n'est la France, n'avait mis d'ouvriers, parmi ses délégués et la France n'en avait mis qu'un. Si on voulait les voir venir, il était peut-être nécessaire de les appeler.

Je ne dois ni ne puis me faire juge de la composition des autres délégations. La France avait cinq délégués : trois hommes politiques, M. Tolain, M. Burdeau et moi : un ingénieur du plus haut mérite, M. Linder, qui est à la tête du corps des mines, et un ouvrier mécanicien qui demande incessamment la création du Crédit ouvrier au capital de soixante-quinze milliards ; en dehors de cette prétention dont le sens n'échappe à personne, M. Delahaye est instruit et capable ; il a beaucoup voyagé et, grâce à sa qualité d'ouvrier mécanicien et à ses soixante-quinze milliards, il a été le lion du Congrès. Je n'ai pas besoin de dire quel rôle jouèrent M. Tolain à qui toutes ces questions sont familières, et M. Burdeau, qui se les assimilait toutes avec autant d'aisance que de supériorité et qui était destiné à un si grand avenir.

La session du Congrès coïncida avec le plus grand événement historique du nouvel Empire d'Allemagne. Ce fut pour elle une mauvaise chance. Quand nous arrivâmes, M. de Bismarck était menacé, mais tout-puissant. On pensait que l'Empereur voulait le renverser, mais on s'accordait à dire qu'il ne l'oserait ni ne le pourrait.

Il l'osa et il réussit. Ce fut l'affaire d'une journée. Dans une même journée, la démission fut provoquée, donnée et acceptée. Le chancelier était remplacé le lendemain ; le surlendemain, à midi, il quittait l'hôtel de la chancellerie et Berlin.

Les délégués français dînèrent chez lui la veille de son départ. Nous étions les seuls invités avec notre ami M. Jacquot, consul général de France à Leipzig. J'eus une longue conversation en tête à tête avec le prince après dîner ; mais ce n'est pas de lui que je vous parle, c'est de l'Empereur, et la façon dont il se comporta pendant ces trois jours d'émotion générale n'est pas un des caractères les moins frappants de sa physionomie.

Je cherchai vainement une ombre sur son front ou dans ses yeux. Il est clair qu'il n'admit, à aucun moment, la possibilité d'une difficulté. L'événement était moins grave à ses yeux qu'aux yeux des autres. Les autres deman-

daient quel premier ministre il allait prendre ;
s'il serait tout puissant, comme l'avait été
M. de Bismarck ; si l'Empereur donnerait suite
au désir qu'il avait manifesté, en plusieurs occasions, de gouverner par lui-même, et, dans le
cas où il l'essayerait, s'il en était capable. C'était
un vaste sujet de conversation et d'hésitation.
Mais l'Empereur savait à quoi s'en tenir sur
tous les points. Son parti était pris de gouverner, et il assumait, sans sourciller, cette
tâche redoutable. Il fut le seul de tous les
hommes politiques réunis à Berlin qui dormît
tranquille ces deux nuits-là.

Un spectacle curieux pour moi fut l'action
exercée par l'Empereur sur sa capitale. Disons
d'abord ce qui se passa au moment où se
répandit la nouvelle que la démission était
donnée ; tout le monde se dit : elle sera refusée.
On apprit presque aussitôt qu'elle était acceptée ; ce fut de la stupeur. Cela durera-t-il ? Cela
peut-il durer ? Le silence de la cour se prolon-
geant, et paraissant annoncer une résolution
arrêtée, on commença à parler du successeur.

Tous les hommes semblaient petits et insignifiants comparés à M. de Bismarck. On disait d'ailleurs : c'est pour six mois, pour trois mois. Le nom de M. de Caprivi était prononcé avec plusieurs autres. L'homme paraissait assez connu. Ce n'est ni un politicien, ni un courtisan : c'est un général, raison de plus pour que l'Empereur le choisisse.

On sut assez vite dans la journée qu'il était choisi, et même qu'il était arrivé. Il dîna tout seul à une petite table dans la grande salle du restaurant Kaiserhof, où je le vis de loin tout à mon aise.

Il était peu question de M. de Bismarck dans tout cela. Où irait-il ? que ferait-il ? Il irait dans ses terres. Il écrirait ses Mémoires. Il me le dit lui-même, en s'étendant complaisamment sur l'immensité de ses forêts : « Elles ont besoin du maître ; Herbert n'est pas bon pour cela. » Il n'était bon, apparemment, qu'à diriger le ministère des affaires étrangères.

On sut que l'Empereur avait conféré au ministre sortant le duché de Lauenbourg, ce

qui était une dignité presque royale, bien supérieure à celle de prince. Une grande dame chez
laquelle je me trouvais dit vivement : « J'espère
bien qu'il refusera », et parut regretter de l'avoir
dit. Tout le monde se tut.

Plus étonnante était encore la conduite du
peuple. Il me semblait bien que la ville était
un peu morne, mais je ne saurais dire à présent sur quels indices je me fondais. Je passai
plusieurs fois par curiosité dans la rue de la
Chancellerie près de laquelle je demeurais et
elle me semblait déserte. Personne ne s'arrêtait
devant l'hôtel du chancelier. Les rares passants
allaient à leurs affaires sans même tourner la
tête. Lui, il resta plusieurs heures à se prome-
ner tout seul dans les allées du jardin, accom-
pagné de deux grands chiens qui ne le quittent
jamais. Je le voyais aller, venir, de la salle où
se tenait le Congrès. Je pensais qu'il devait
moins souffrir de sa disgrâce que de la solitude
où on le laissait et de l'ingratitude de ce peuple
qui lui devait tant. Tout changea en un clin
d'œil aux dernières heures. Ce fut comme une

de ces métamorphoses que produit, dans une féerie, le coup de sifflet du machiniste. La ville entière de Berlin inonda la large rue de la Chancellerie, la place qui la termine du côté du Kaiserhof et à l'autre extrémité, les parties avoisinantes de l'avenue *Sous les Tilleuls*.

A partir de ce moment, le grand abandonné fut le grand acclamé. Il monta dans sa voiture au milieu des hurrahs frénétiques; il disparut aussitôt sous les fleurs; pendant longtemps il ne put sortir de la cour; il fallut changer l'heure du train. On dit que l'impassible chancelier pleura. Toute la foule, on pourrait dire toute la ville, le suivit jusqu'à la gare.

Je ne manquai pas de m'enquérir des raisons de ce contraste; pourquoi cette solitude de la veille, et cet enthousiasme du lendemain? Tout s'expliquait par la volonté de l'Empereur : la veille, les plus petits se disaient comme les grands:

« Permet-il qu'on exprime ses regrets? »

Il n'avait pas écrit de manifeste, il n'avait pas donné d'ordres ; il avait simplement fait entendre à son entourage qu'il laissait le champ libre.

Il m'avait dit un jour d'un air songeur, en parlant des ouvriers d'Elberfeld et des funérailles qu'ils avaient organisées en l'honneur d'un socialiste :

— Je n'aurais pu faire cela.

Mais il venait de conduire deux millions d'hommes à la baguette. J'aurais bien voulu me rendre compte de la nature de cette puissance ; je ne vois guère que l'empereur de Russie qui soit en mesure de produire de tels miracles ; mais, ces deux forces, qui produisent des résultats presque égaux, sont en elles-mêmes très différentes. La monarchie russe est essentiellement hiératique. La puissance du tsar est consacrée par la religion, par la nature, par la tradition. C'est le représentant de Dieu ; c'est le Père de la famille immense ; c'est le symbole de la Patrie. L'obéissance du peuple allemand est une opinion philosophique ; elle est fondée sur le raisonnement. C'est une théorie. La Russie n'est pas encore sortie de la poésie et des traditions du moyen âge ; mais l'Allemagne est la proie des écoles. Le navire a quitté l'ancrage séculaire ; un avenir peut-être rapproché nous apprendra si la raison est aussi forte que la foi pour fonder des institutions séculaires.

Si je n'ai pas osé vous donner un portrait de l'empereur Guillaume II, ce n'est pas faute de l'avoir attentivement observé pendant que je me trouvais dans son voisinage. Le Congrès me prenait la plus grande partie de la journée, et l'Empereur me prenait le reste, car il jouait en ce moment un de ces grands coups qui fixent la destinée d'un règne. A mon départ, il me semblait presque que ce n'était pas Berlin que je quittais : c'était l'Empereur. Il était alors le mouvement en personne, il semble s'être un peu calmé depuis ; mais l'intensité de son action sur les affaires humaines n'en est pas diminuée, au contraire.

J'espère que dans ces courtes notes ma mémoire ne m'a pas trahi ; j'ai été volontairement incomplet ; j'espère avoir été exact. J'espère

surtout que ces pages portent l'empreinte de
ma gratitude pour l'accueil bienveillant que
nous avons reçu de l'Empereur.

Je ne puis me dispenser de dire que sa
conduite envers la France, dans ces dernières
semaines, a été conforme à mes impressions et
à mes espérances. Le noble langage qu'il avait
tenu dans son message à madame Carnot, et
l'émotion sincère qu'on y sentait avaient causé
une grande impression dans le pays. Le jour
des funérailles, au moment où le cortège
s'ébranlait pour aller à Notre-Dame, et, de là,
au Panthéon, M. de Münster, ambassadeur
d'Allemagne, avertit le gouvernement que l'Empereur avait fait remise entière de leur peine
à deux officiers français condamnés, l'un à six
ans de forteresse, et l'autre à quatre ans, pour
un de ces crimes qui ne touchent pas à l'honneur
et qui ne sont que la continuation de la guerre.
A l'heure même où l'ambassadeur recevait,
pour son souverain, les remerciements du
président de la République, nos deux compatriotes étaient déjà en liberté.

15.

On m'a appris que la famille de l'un deux avait intéressé à leur cause la fille de l'ambassadeur d'Allemagne ; que mademoiselle de Münster avait écrit à l'Impératrice une lettre touchante et éloquente, et que l'Impératrice avait bien voulu promettre d'intercéder. L'Empereur eut la pensée de manifester sa bienveillance pour notre pays en accordant cette grâce au moment même où nous étions frappés par ce deuil si inattendu et si lamentable. Cette pensée devait aller au cœur de la France. C'était sans doute une pensée très politique, mais il fallait plus que de la politique pour l'avoir conçue avec tant de spontanéité et exécutée avec tant de grandeur.

Les funérailles de M. Carnot auront dans l'histoire ce caractère d'avoir provoqué chez tous les peuples un mouvement de sympathie pour la France cruellement éprouvée. Rien d'aussi beau ne s'était vu depuis le jour où l'empereur de Russie nous avait spontanément tendu la main.

Cette entente de la solidarité humaine entre

les sociétés, et de la fraternité entre tous les peuples est quelque chose de très nouveau et de trés grand. Cela s'appelle aujourd'hui une Trêve : la Trève de Dieu ! cela s'appellera peut-être un jour : la Paix !

NOTRE ESCADRE AUX FÊTES DE KIEL[1]

L'empereur allemand a terminé le canal qui
doit rejoindre la Baltique à la mer du Nord.
Ses vaisseaux franchiront d'un bond la distance
de Lubeck à Brême, au lieu d'être obligés de
faire le tour entier du Danemark.

Ce n'est pas un événement comparable au
percement de l'isthme de Suez, qui a transformé le monde. C'est un événement purement
allemand, mais qui aura de grandes conséquences dans la future guerre, et qui dès à
présent place l'Allemagne au rang des plus

1. *Figaro* du 14 mars 1894.

grandes puissances maritimes. La France, qui venait après l'Angleterre, est directement menacée; la Russie perd sa toute-puissance sur la Baltique. La France et la Russie assisteront pourtant à la fête, appuyées fraternellement l'une sur l'autre et représentant, par leur union, le plus formidable groupement de forces militaires. Guillaume II a invité le monde à ses fêtes, et le monde a promis de venir.

Ces fêtes seront pacifiques comme toutes les fêtes où personne ne manque. L'absence de la France en aurait changé le caractère. Cette absence n'aurait pas été, comme le pensent les hommes qui font la politique avec les passions, une protestation contre l'annexion, mais une protestation contre la paix. Le monde réuni, la France présente, c'est la paix; le monde entier réuni, moins la France, c'est la guerre.

L'empereur Guillaume II est comblé de joie. D'abord la conquête du Holstein est achevée au bout de trente ans. Elle trouve son explication dans la suppression géographique du

Danemark. Autre sujet de joie : l'Empereur a désormais une marine. Il fait coïncider l'inauguration du canal avec le nouveau budget qu'il vient d'arracher au Reichstag, et qui est sa conquête personnelle. Il n'a pas pu défendre son budget à la tribune, car il n'y a pas de place dans nos sociétés modernes pour les orateurs couronnés. Il l'aurait voulu, il l'aurait pu. Le discours qu'il a fait, chez lui, à une assemblée d'élite, montre qu'il est devenu un marin consommé : on le croyait simple commandant d'un yacht de plaisance. Je dis de lui très simplement, comme s'il ne s'agissait pas d'un roi, qu'il a toutes les aptitudes.

Au milieu de toutes ses joies, sa plus grande joie peut-être est de sentir la paix affermie. Ce prince qui a refait les fortifications de Strasbourg, qui couvre la frontière de soldats, qui se crée une puissance maritime au prix des plus lourds sacrifices, est, au fond, un ami déterminé de la paix. Aimer la paix, ce n'est pas s'exposer à être surpris en cas de guerre. Il fait son métier de roi en se tenant prêt, et son devoir de roi en évitant loyalement les occasions de conflit. Il m'a dit à moi-même qu'il considérerait comme un fou ou un criminel tout chef d'État qui exposerait son pays aux chances d'une guerre. Non seulement il le pense quand il le dit, ce qui est hors de toute contestation, mais il le pense constamment, foncièrement, par goût et par intérêt.

Il a tout à perdre à la guerre; il n'y peut rien gagner. « Je voudrais, disait-il, qu'on fût bien convaincu en France que je ne veux pas la guerre. »

Il ajoutait ces belles paroles : « J'ai réfléchi que, dans la position que j'occupe, il vaut mieux faire du bien aux hommes que, de leur faire peur. » Je le regardais bien en face pendant qu'il parlait ainsi. Il avait l'air d'un homme qui explique sa pensée avec conviction, sans aucune emphase. J'ai eu l'occasion de l'approcher quelquefois, et j'ai toujours été frappé de la simplicité de sa parole. Il ne joue pas de rôle, ou, du moins, il ne joue que son rôle de roi dans les occasions où la solennité lui est imposée comme un devoir. Je l'ai vu une fois recevoir la Cour du haut de son trône. Il avait ce jour-là une figure sévère, bien différente de l'air aimable et de l'œil souriant des autres jours.

S'il avait voulu la guerre, les occasions ne lui ont pas manqué. Ce n'est pas que nous les ayons fait naître de notre côté. Je crois qu'à l'exception d'une poignée d'hommes qui font consister leur patriotisme à compromettre les intérêts de leur patrie, nous sommes tous partisans déclarés de la paix. Chaque heure de paix nous profite, il faut être insensé pour ne pas le voir. Je dis seulement que si l'Empereur avait voulu des prétextes, il n'en aurait pas manqué, parce que les prétextes ne manquent jamais. Ce qui le prouve, c'est qu'après une déclaration de guerre, les deux partis n'hésitent jamais à accuser l'autre parti d'avoir pris l'initiative. Je le crois bien ! C'est un fardeau trop lourd à porter pour qu'on ne soit pas empressé de le rejeter sur autrui. L'Em-

pereur, dis-je, n'a jamais cherché de prétexte.
Il a eu une fois l'occasion de recevoir à Berlin
les délégués de toute l'Europe. Il a reçu les
délégués de la France avec une courtoisie qui
a été très remarquée. Au grand banquet
officiel, le premier délégué de la France était
assis à la droite de l'Empereur. Au banquet
offert par les délégués au ministre du commerce,
on ne devait porter de toast qu'au ministre;
on en a porté un, fort inattendu, au premier
délégué français. Ce même délégué a été un
des trois présidents, les deux autres étant allemands. On me pardonnera de rappeler ces
souvenirs et d'en exprimer une fois de plus
ma reconnaissance à l'Empereur. Il ne s'agissait, en 1890, que d'une conférence modeste
entre amis du travail et des ouvriers; mais
l'Empereur avait eu lui-même l'idée de ce
Congrès; il s'en était occupé très personnellement, il reçut les délégués à plusieurs
reprises et montra que les questions lui étaient
connues. On le verra à Kiel dans sa magnificence, mais je doute qu'en en rapporte des

souvenirs aussi frappants que ceux qu'il nous a laissés à Berlin.

Je n'ai pas été surpris de la lettre pleine de cœur qu'il a écrite à madame Carnot après l'assassinat de son mari, ni de cette délicate pensée de rendre la liberté à deux prisonniers français et de s'associer, par cet acte de clémence, à notre deuil national. Du temps où florissait la triple alliance, il avait une façon d'aimer la paix que nous ne pouvions arriver à comprendre ; elle consistait à nous l'imposer. La paix change de nom pour celui à qui on l'impose ; elle est pour lui la servitude. Il parlera de politique aux Français qu'il verra à Kiel, car il parle toujours, et de tout, mais il ne sera plus question de la triple alliance, pour laquelle le temps a déjà fait son œuvre. La triple alliance est-elle imputable à l'Empereur, à M. de Bismarck ou à M. Crispi ? Ils la revendiquent avec le même courage, et je suis bien tenté de leur donner raison à tous les trois. Ils se vantaient de rendre la guerre impossible ; je crois plutôt qu'ils l'auraient rendue éternelle sans l'intervention d'Alexandre III. Un grand personnage, que je ne puis nommer, me disait un soir à Berlin :

— Il dépend de vous de donner à l'Empereur tout ce qu'il pourrait attendre de la guerre la plus heureuse. Il ne rêve pas de conquête : il sait que l'Europe ne lui permettrait pas de nouveaux agrandissements. Ce qu'il veut, c'est la sécurité absolue. Vous ne reprendrez jamais l'Alsace-Lorraine ; vous le savez, et vous n'osez ni le dire, ni peut-être en convenir avec vous-mêmes. Il en résulte une inquiétude que vous ne cessez d'entretenir et d'accroître. Suivez la conduite contraire : résignez-vous à l'irréparable ; signez le revers, comme nous le disons à Berlin. Aussitôt l'Empereur devient votre meilleur ami ; et la guerre s'éloigne pour jamais.

— On ne dit pas à un peuple ce que l'on veut, lui dis-je en éludant la question. Supposez que l'Empereur change d'avis sur l'annexion. Le comprenez-vous disant à son peuple : « Rendez l'Alsace et la Lorraine à la

« France? » Il n'y a de vraiment sage que la grande parole de Guillaume II : « Le temps est pour la paix. »

Il y a plusieurs années de cela. La paix a duré quelques années de plus. La guerre perd du terrain chaque jour. Je ne dis pas, hélas! qu'elle est impossible ou même invraisemblable. Mais le premier coup de canon se fait bien attendre. Il est de plus en plus difficile à tirer. On s'habituera peut-être à n'y plus croire.

LE VRAI PATRIOTISME[1]

Nous avons décidément de grands patriotes qui ne pardonneront jamais au gouvernement d'envoyer une escadre française aux fêtes de Kiel.

Ils ne proposent pas de déclarer dès aujourd'hui la guerre aux Allemands ; mais ils veulent user, avant la guerre, des procédés de la guerre. Les hostilités commenceront peut-être plus tôt, et dans un moment où nous ne serons pas préparés à la riposte ; mais au moins on ne pourra pas dire que nous avons consenti à

1. *Figaro* du 18 mars 1894.

notre défaite. Si nous perdons de nouvelles batailles, nous aurons la consolation de dire que nous avons été les irréconciliables de la politique étrangère,

Ces grands patriotes feraient bien de se souvenir qu'ils nous ont déjà poussés à la guerre. Ce sont eux qui criaient, en 1870 : « A Berlin ! à Berlin ! » Ils sont partis alors pour Berlin, et ils sont restés à Sedan.

Veulent-ils recommencer ? Est-ce là, par hasard, ce qu'ils appellent du patriotisme ?

Ils n'ont qu'un seul argument à invoquer. C'est que Sedan ne se recommence pas. Nous avons été vaincus, en 1871, par la faute de nos généraux, malgré l'héroïsme de nos soldats. En attendant notre revanche, qui est infaillible, n'infligeons pas à nos drapeaux un déshonneur volontaire. Gardons notre haine, qui fait notre force.

Nous avons entendu bien des fois ce même langage depuis vingt-cinq ans. Ceux qui étaient à Bordeaux quand le gouvernement de M. Thiers déposa sur le bureau de l'Assem-

blée nationale le traité de Francfort se rappellent encore les cris de colère qui éclatèrent
sur quelques bancs. On eût dit que M. Thiers
n'obéissait pas à une nécessité inexorable. L'un
s'écriait qu'il ne subirait jamais une telle
honte. Un autre déclarait qu'il ne flétrirait pas
son nom en l'inscrivant au bas d'un pareil
traité. Ils savaient tous que le traité serait
signé, qu'il s'agissait du salut de la patrie. Ils
jouaient la comédie du patriotisme. Tout ce
qu'il y a de grand en France disait au pays,
avec désespoir, mais avec fermeté : « Sauvons
ce qui reste ! »

La France avait ce jour-là le choix entre
deux conduites. Si elle avait suivi la politique
des grands patriotes, il ne lui restait pas
quatre jours à vivre. Elle a suivi la politique
des politiques ; et aujourd'hui ce drapeau, que
nous voulons déshonorer en le faisant flotter
parmi tous les drapeaux de l'Europe aux fêtes
de Kiel, y sera aussi glorieux et aussi
redouté qu'il y a cent ans.

Les irréconciliables se trompent lourdement

sur ce qui se prépare à Kiel. Ils pensent que l'Europe y accourt pour acclamer les conquêtes allemandes, et que la France n'y paraîtra que pour renoncer piteusement à ses anciennes provinces. On ne demande rien de semblable ni à l'Europe, ni à la France. Nul n'oserait! On répond à une politesse de l'Empereur ; les vieilles marines européennes viennent déployer leurs forces séculaires devant ses forces naissantes. On y célèbrera les grandeurs de la paix avec l'appareil de la guerre. En voyant réunis ces agents terribles de la destruction, chacun répétera les mots de Guillaume II, que, pour pousser à la guerre dans ces conditions, il faut être un fou ou un criminel.

J'aurais voulu qu'on nous épargnât en 1895 les chansons qu'on nous chantait en 1871, « que la France est invincible ; que le peuple même est invincible ». J'ai vu de mes yeux cette affiche sur les murs de Paris, pendant que le peuple s'avançait vers les boucles de la Marne : « Le peuple marche ; donc, il sera vainqueur ou trahi ; car, vaincu, il ne peut l'être. » On nous dit, à présent, que notre armée, refaite, est redevenue invincible. On oublie que les Allemands ont travaillé autant que nous et qu'il ne s'agit plus de la guerre héroïque, mais de la guerre scientifique. La gloire, qui se faisait avec le courage, ne se fait plus qu'avec l'outil et le nombre.

Je suis loin de dire que nous serons vaincus dans la prochaine guerre. Je me tiens à quatre pour ne pas dire que, même avec des effectifs moindres, nous avons les plus grandes chances de victoire. J'affirme que chacun des deux peuples peut être battu et perdu. Je redoute même la victoire : car le vainqueur sera emporté dans le cataclysme aussi sûrement que le vaincu. Le monde est appelé à voir une guerre devant laquelle les guerres de l'Empire seront des échauffourées de pygmées. Il y a de quoi faire peur aux plus grands rois; car, enfin, il faut régner sur quelqu'un.

Les grands patriotes n'ont cessé de nous compromettre depuis vingt-cinq ans. A un moment où notre armée n'existait pas, et où de Moltke répétait tous les jours : « N'attendez pas qu'elle renaisse ! » ils épuisaient le gouvernement par leurs chinoiseries. Decazes disait : « Je mettrai une sentinelle sur la frontière, une seule, avec ordre de tirer un coup de fusil et de se replier, si elle aperçoit l'ennemi. » Quand le jeune Empereur convoqua à Berlin un Comité de commerçants et d'industriels pour étudier les questions ouvrières, ils voulaient que la France protestât, en s'abstenant, contre l'annexion de l'Alsace-Lorraine. Une occasion bien choisie! Ils réussirent quelques jours après, quand l'impératrice Frédéric vint en personne inviter les peintres et les sculpteurs français à l'Exposition de Berlin. Ils auraient voulu nous éloigner de Kiel, où seront toutes les marines du monde. Le monde aurait dit : « Où est donc la marine de Duguay-Trouin, de Jean Bart, de Tourville, de Duperré, de Courbet? » Il n'y a pas tant de grandeur que vous croyez dans la négation. Il faut être, et, pour être, il faut paraître. Comme il ne peut plus y avoir de champs de bataille sans la France, il ne peut plus y avoir, sans elle, de champs de manœuvre.

Je regarde l'empereur Guillaume et le pape Léon XIII comme les deux figures les plus intéressantes de notre temps. Je ne connais pas le Pape, à mon vif chagrin. J'ai entrevu l'Empereur ; et, comme tout le monde, je l'ai étudié dans ses actes. Tout ce que je connais de lui à son honneur, j'ai cru de mon devoir de le dire. Il est à mes yeux une des grandes espérances de la paix. Je crois, je sais qu'il la veut. Il n'est pas hostile à la France. Il l'a beaucoup étudiée. Il lui a témoigné, dans des circonstances graves, de la courtoisie. Je garde tous les souvenirs de 1870, et je n'abandonne pas une seule des espérances françaises. Mais je mets la paix, avec l'honneur bien entendu, au-dessus de tous les biens, et je crois, comme l'Empereur, que chaque heure de paix profite à la paix. Quand la guerre aura éclaté, si elle éclate, ce sera à qui tentera de se défendre, devant l'histoire, du crime de l'avoir provo-quée ; on se rappellera avec joie tout ce qu'on aura fait pour la pacification des peuples et des classes ; avec terreur, les heures de sang et de colère.

Alexandre III avait un mot très sage : « Le premier souverain qui poussera à la guerre, disait-il, m'aura d'abord pour ennemi. »

On voudrait être quelque chose en ce monde pour pouvoir ainsi faire la guerre à la guerre, et à ceux qui y poussent.

L'HÉRITIER [1]

Puisque nous avons un Empereur qui, fidèle
en cela, comme en beaucoup d'autres points,
à ses traditions de famille, nous donne de sa
musique, je voudrais qu'un autre grand prince
eût le goût de la psychologie; il nous dirait
quelles impressions on éprouve quand on
devient monarque absolu. Il n'y a plus que
deux rois absolus en Europe, le tsar et le
sultan, car l'empereur d'Allemagne et l'empereur d'Autriche, quelque grands qu'ils soient,
ont à côté d'eux une constitution qu'ils doivent

1. *Figaro* du 7 novembre 1894.

respecter. Le souverain absolu est celui qui n'a au-dessus ou à côté de lui aucune force ayant le droit ou le pouvoir de changer ses résolutions.

Cette indépendance doit être aussi accablante que le serait un complet anéantissement. Dans la réalité, elle est ordinairement tempérée par une de ces trois causes : par l'amour de la gloire, par le désir d'estime ou par la crainte de Dieu.

L'amour de la gloire fait les grands hommes, mais il fait aussi les hommes funestes. Il y a en lui de la grandeur; il y a aussi de l'incertitude; la question est de discerner la vraie et la fausse gloire.

Le désir d'estime est un meilleur guide, car il assujettit l'âme à la morale générale. Mais le véritable sauveur est l'amour et la crainte de Dieu. Quand cet homme, devant qui tous les fronts se courbent, se courbe à son tour devant Dieu, il entre par son obéissance, plus encore que par son pouvoir, dans la possession de sa grandeur; il se regarde comme l'envoyé ici-bas de Celui qui est la justice. Nous pouvons penser que cette belle conception de la souveraineté ne confère pas l'infaillibilité aux souverains ; mais si elle ne nous donne pas une sécurité complète, elle n'en mérite pas moins notre admiration.

Louis XVI et Marie-Antoinette étaient presque des enfants à la mort de Louis XV ; Louis XVI s'écria :

— O mon Dieu ! prends pitié de nous, nous régnons trop jeunes !

Il ne prévoyait pas la Révolution qui arrivait sur lui ! S'il avait pu la concevoir, sa peur aurait été horrible ; il ne songeait qu'à gouverner vingt-cinq millions d'hommes en se conformant aux lois et en s'efforçant de les rendre heureux.

Le souverain auquel je pense est aussi absolu que l'était Louis XVI ; il est moins entravé que lui par la force des traditions et l'autorité des grands corps de l'État. Sa part dans le gouvernement du monde est bien autrement considérable ; sa volonté est respec-

tée par plus de cent vingt millions d'hommes
son empire est, par son étendue, un des
grands États de l'Europe et un des grands
États de l'Asie. Il réunit sous sa main des
populations qui appartiennent à des civilisa-
tions différentes, et, il n'applique pas seulement la loi, il la fait. Il est l'arbitre de la paix
et de la guerre pour les autres États; il est
limitrophe de la Scandinavie, de la Prusse,
de l'Autriche et de la Hongrie, des Balkans,
de la Turquie. La France même et l'Angleterre sont obligées de compter avec sa volonté.
Quand l'Europe a voulu protéger Constanti-
nople et l'Égypte contre lui, la France et
l'Angleterre ont dû s'unir, comme autrefois
pour les croisades, et la chute de Sébastopol
est restée longtemps incertaine; aujourd'hui,
il peut choisir ses alliances, et le peuple auquel
il portera son appui a toutes les chances
d'avoir le dessus dans une conflagration
générale.

On a vu ce que c'est qu'un tsar de Russie
quand la nouvelle de la maladie d'Alexandre III

a éclaté en Europe : la Russie a été atterrée, car, dans cet étonnant pays, le souverain est aimé comme un père. Tous les autres États de l'Europe se sont sentis menacés dans leur sécurité. La France a éprouvé une angoisse patriotique.

Elle l'aimait : il n'y avait entre elle et lui aucune affinité d'idées et de croyances. Alexandre II avait fait un pas vers la liberté; Alexandre III recula; ils étaient patriotes l'un et l'autre; mais la patrie rêvée et voulue par le fils était la patrie russe avec la religion russe, qui est la religion orthodoxe, et la politique russe, qui est la politique de l'autocratie. Comme chef de la religion orthodoxe, il dédaigna et combattit la liberté de conscience; comme autocrate, il contint les moujiks sous la verge de la noblesse. Il suivait de l'œil les progrès de l'Occident; les progrès scientifiques et techniques pour se les approprier, les progrès politiques pour les repousser; il voulait joindre les croyances du moyen âge à toutes les ressources de la science moderne

et rendre ses sujets riches et heureux sous le
joug. Ennemi de nos idées, avait-il, en dépit
de tout, de la sympathie pour notre caractère
national? Peut-être. Ce sentiment d'amitié
pour la France existe certainement chez son
peuple, et la France, de son côté, se souvient
des services que les tsars lui ont rendus à
plusieurs reprises dans ses jours d'infortune.
Il pensait que la grande préoccupation de son
règne devait se porter sur l'Asie. Comme s'il
avait prévu que la Chine s'apprêtait à sortir de
son long sommeil, il voulait, à tout événement, traverser l'Asie tout entière par un
chemin de fer qu'il a commencé et qui sera
la plus colossale des entreprises humaines; il
lui fallait, pour une telle entreprise, la paix et
des millions par centaines. Les millions, il ne
pouvait les demander qu'au marché français;
la paix, il ne pouvait l'assurer dans la mesure
du possible qu'en s'associant avec la France. Il le
comprit, ce qui n'est pas d'un esprit médiocre;
il le voulut, il le fit. Il n'eut pas à en déli-
bérer avec des ministres, ni à consulter un

Conseil d'État, ni à livrer un projet aux délibérations d'une Chambre élective, ni à tâter et à préparer l'opinion par des articles de journaux.

Un jour que des navires de la marine française visitaient un de ses ports, l'Empereur parut tout à coup pour saluer nos marins et la France. Il nous rendait à nous-mêmes, par le premier mot d'amitié qu'il nous adressa. Il alla jusqu'à faire jouer la *Marseillaise,* qui ne signifie plus depuis longtemps autre chose que : Vive la France !

On sait comment la France répondit. Les cris de : « Vive l'Empereur ! » qui éclatèrent de toutes parts à Cronstadt, à Toulon, à Marseille, à Paris signifiaient : « Vive notre indépendance nationale et vive Alexandre III qui nous rend les moyens de combattre la Triplice à armes égales ! »

Il faisait plus et mieux : il donnait la paix au monde ! Voilà la véritable grandeur. Dieu lui avait donné à gouverner le tiers de la population de l'Europe et la sixième partie de la terre ; mais lui, par sa résolution magnanime, il s'était encore élevé au-dessus de ce faîte des grandeurs. Il avait donné la paix à l'univers.

L'auguste héritier s'en souviendra !

CENTENAIRE DE LA FONDATION
DE L'INSTITUT

CENTENAIRE DE LA FONDATION
DE L'INSTITUT [1].

Messieurs,

Quand le général Bonaparte prit le comman-
dement de l'armée d'Égypte, il signa aussitôt
de la façon suivante ses proclamations et ses
ordres : « Bonaparte, général en chef, membre de
l'Institut, » « bien sûr, disait-il, d'être compris
du dernier tambour ».

L'Institut n'avait pas trois ans. Il a fait
depuis ce temps-là quelque bruit dans le
monde. Je ne puis donc me flatter d'apprendre

1. L'Institut de France ayant célébré son centenaire le
25 octobre 1895, M. Jules Simon a été chargé par les cinq
Académies de porter la parole en leur nom et a prononcé ce
discours.

à personne sa courte et glorieuse histoire. Je la résumerai en quelques mots pour nous réjouir en commun de ses grandeurs et non pour nous en instruire.

Les grandes assemblées qui prirent en mains le sort de la France à la fin du xviiie siècle eurent dès leur premier jour l'instinct révolutionnaire. Elles ne se proposèrent pas pour but de conserver les institutions existantes en les améliorant et en les purgeant de leurs abus ; elles firent partout table rase, et quand elles eurent tout renversé, elles s'occupèrent, en liberté, de tout reconstruire.

Les académies avaient largement contribué à l'avènement de la Révolution. A peine eut-on passé de la théorie à l'action qu'elles trouvèrent qu'on allait trop loin. Elles avaient voulu réformer ; on ne songeait plus autour d'elles qu'à détruire. La Révolution, de son côté, fit comme toutes les révolutions : elle oublia ce qu'on lui avait donné et s'irrita de ce qu'on lui refusait. Elle se borna d'abord à des mesures malveillantes.

L'Assemblée constituante vota avec hésitation et provisoirement pour une année, en accompagnant son vote d'aigres reproches, les subventions que le Comité des finances demandait pour les corps littéraires [1].

La Convention frappa les grands coups. Elle défendit d'abord de pourvoir aux sièges vacants, et enfin, en août 1793, elle supprima « toutes les académies et sociétés littéraires patentées par la Nation ».

On a souvent remarqué que cette même révolution qui avait supprimé toutes les académies créa l'Institut, qui est une académie. Ce n'est pas versatilité dans les assemblées. La pensée de créer de toutes pièces une académie nouvelle était contemporaine de la résolution prise d'en finir avec les académies anciennes.

L'Assemblée constituante avait chargé Mira-

---

1. Pour l'Académie française, 25217 livres, plus 1200 livres pour un prix à donner; pour l'Académie des belles-lettres, 43908 livres; pour l'Académie des sciences, 93458 livres; ces deux Académies devaient aussi décerner chacune un prix de 1200 livres.

beau de lui soumettre le plan d'une académie nationale. Mirabeau appela Chamfort qui était en querelle avec l'Académie française. Chamfort écrivit une violente diatribe et prépara un projet que Mirabeau n'eut pas le temps de lire à la tribune.

Les projets se multiplièrent sous la Convention. Condorcet, d'Alembert, Daunou, Talleyrand, tous ceux qui avaient le souci des grandes choses, apportèrent leur contribution. On dit que Talleyrand accepta la paternité d'un projet entièrement rédigé par l'abbé Desrenaudes qu'il avait eu pour vicaire général à Autun et que nous avons connu membre du Conseil de l'Instruction publique. Talleyrand était de ceux qui peuvent se passer d'un secrétaire; mais la tradition est ancienne et persistante.

Tous les auteurs de projets ont réclamé à l'envi le titre glorieux de fondateurs de l'Institut. La vérité historique exige que l'on écrive un autre nom en tête de cette liste d'honneur, et ce nom est celui de Richelieu, fondateur de l'Académie française.

Nous sommes plus justes aujourd'hui que ne l'ont été nos pères. Notre admiration pour les grandes œuvres de la Révolution ne nous cache pas les gloires de la monarchie, qui sont les gloires de la France. Nous fêtons le centenaire de l'Institut de France, mais il ne nous en coûte pas d'associer à l'honneur de cette journée le fondateur ou les fondateurs des académies dont l'Institut a reçu l'héritage, Louis XIII et Louis XIV, Richelieu, Séguier, Colbert. L'Institut existe depuis le 25 octobre 1795; mais les académies qui le composent remontent à 1635. Assurément l'Institut de France, depuis sa fondation, compte dans ses rangs un nombre considérable d'hommes illustres. J'en veux citer quelques-uns, avec le regret de ne pas les citer tous : Chateaubriand, Lamartine, Victor Hugo, Alfred de Musset, Alfred de Vigny, Guizot, Cousin, Thiers pour l'Académie française; Monge, Berthollet, Lagrange, Laplace, Lavoisier, Fresnel, Ampère, Arago, Cuvier, Geoffroy Saint-Hilaire, Cauchy, Chasles, Claude Bernard pour l'Académie des sciences ; Daunou , Victor Le Clerc, Littré, Boissonnade, Hase, Naudet, Burnouf pour l'Académie des inscriptions ; Louis David, Ingres, Delacroix, Gounod, Meissonier, David (d'Angers) pour l'Académie des beaux-arts.

J'avais arrêté là cette liste de nos gloires contemporaines pour obéir à la loi qui m'est imposée de ne prononcer le nom d'aucun vivant ; faut-il que je doive aujourd'hui ajouter le nom d'un homme que j'ai connu il y a plus de cinquante ans, à l'École normale où il était élève, où j'étais professeur, qui était notre ami à tous, car on ne pouvait le connaître sans l'aimer, et qui était avant tout l'ami et le bienfaiteur de l'humanité: le nom immortel de Louis Pasteur? Les voûtes de cette salle gardent l'écho des acclamations qui l'accueillirent quand il vint, à cette place même, recevoir les hommages du monde savant. L'humanité, ce jour-là, fut reconnaissante et juste.

Ainsi l'Institut de France a eu, dès son premier siècle, une magnifique floraison de grands hommes. Nous sommes fiers de nos gloires nouvelles ; mais nous gardons pour nos gloires séculaires un culte reconnaissant et filial. Nous ne renonçons ni à Corneille et Racine, ni à Boileau, ni à La Fontaine, ni à Bossuet, ni à Voltaire, ni à Montesquieu, ni à Buffon, ni à Clairaut, ni à d'Alembert, ni à Huyghens, ni à Mariotte, ni à Mabillon, ni à Rollin, ni à Turgot, ni à Lebrun, ni à Mignard, ni à Lesueur, ni à Philippe de Champagne, ni à Mansart, ni à Soufflot.

Messieurs, le drapeau aux trois couleurs est toujours pour nous « le drapeau chéri » ; c'est l'astre de la liberté et de la civilisation; mais nous suivons avec amour et orgueil le drapeau blanc fleurdelisé remontant les âges jusqu'au siècle qui fut le grand siècle et qui reste par excellence le siècle français.

C'est le 29 janvier 1635 que l'Académie française reçut sa consécration officielle. L'Académie des beaux-arts eut le même honneur en 1648, l'Académie des inscriptions en 1663 et l'Académie des sciences en 1666.

Il ne suffit pas d'avoir restitué la création

17.

des académies à Louis XIII et à Richelieu, il faut remonter jusqu'à Conrart. La première en date, l'Académie française, est, comme beaucoup de grandes choses, due à l'initiative privée. Conrart n'était rien. Il n'est rien devenu. Il n'est célèbre que par son silence : un genre de célébrité créé tout exprès pour lui par Boileau. C'est lui qui eut l'idée de donner un règlement à une Compagnie qui se réunissait tour à tour chez chacun de ses membres pour parler de littérature. Ils étaient neuf en le comptant. De petits hommes, dit Voltaire, d'un ton dédaigneux. Des hommes obscurs, dit-il ensuite en parlant des premiers académiciens, au nombre de vingt-huit, qui reçurent ce titre après les lettres royales de 1635. Sans doute on n'eut pas sur-le-champ un Corneille ou un Racine à introduire dans l'Académie. Il fallut attendre douze ans pour Corneille, trente-six ans pour Bossuet, trente-sept ans pour Racine, quarante-neuf ans pour La Fontaine et Boileau. L'assemblée se garnissait de grands hommes peu à peu. Elle ne devait jamais avoir quarante grands hommes. Aucune Assemblée en aucun temps et chez aucun peuple ne pourra en avoir à la fois qu'un nombre très limité. Ceux que Voltaire appelle de petits hommes ne sont peut-être pas aussi petits qu'il le croit. Ils semblent petits à la postérité; ils étaient grands pour leurs contemporains. Apprenons, ne fût-ce que par prudence, à respecter les hommes d'élite qui ne sont ni des Voltaire ni des Molière. On ne peut pas, et on ne doit pas se tromper sur les hommes de génie: on peut hésiter sur le choix entre les hommes vraiment supérieurs sans être grands, ceux que j'appellerai les hommes distingués dans le genre médiocre.

C'est un honneur pour la société éclairée du XVII° siècle d'avoir sur-le-champ attaché de l'importance à cette réunion de quelques hommes de goût, qui ne s'occupaient entre eux ni de religion ni de politique, et parlaient uniquement des lettres et des ouvrages de l'esprit. L'amour des lettres est resté un des caractères de notre génie national. Dès que le public fut admis aux réceptions de l'Académie française, il y courut. Quand elle ouvrit en 1702 ses portes aux femmes pour ces jours-là, les femmes affluèrent. L'Académie n'a eu garde de renoncer à cet usage qui a pris avec le temps plus de solennité. Une réception à l'Académie est, par excellence, un événement parisien. Il faut y avoir assisté ; il faut avoir son avis sur les deux discours. On attache moins d'importance aux séances les plus passionnantes de la Chambre. La fameuse coupole est un instrument de torture ; on y étouffe, on y perd connaissance. Ces femmes évanouies sont un accroissement de succès pour les deux orateurs. Elles font penser aux corridas espagnoles, qui ne sont admirables, au dire de leurs ennemis, que quand un toréador a été tué.

On parla de la Société de Conrart au cardinal de Richelieu. Il avait l'instinct du grand et du stable. Il jugea que cette Compagnie pouvait devenir une institution. Il offrit aux amis de Conrart de reconnaître officiellement l'existence de leur association. Ce fut à peu près tout ce qu'il offrit ; « des privilèges honorables, dit

Voltaire, aucun d'utile, son fondateur ne lui ayant même pas procuré une salle d'assemblée ».

En réalité, il ne rendait à l'Académie d'autre service que de ne pas l'ignorer, mais il pensa, et tout le monde pensa avec lui, que puisqu'il ne l'ignorait pas, il la gouvernait. Plusieurs des amis de Conrart hésitèrent. Ce qu'ils avaient cherché, c'était la liberté, on leur offrait l'assujettissement. Cette résistance ne pouvait durer ; on ne résistait pas au roi, ni au cardinal, qui était le roi. Refuser une grâce qu'ils offraient, c'était plus que résister, c'était désobéir. On céda, on remercia. On exalta le roi et le grand ministre Richelieu qui promettait de protéger.

Il y eut une autre difficulté à la création officielle de l'Académie. Le Parlement aussi eut la velléité de résister. On sait que l'enregistrement était alors nécessaire pour donner efficacité aux décisions royales. Le Parlement pouvait retarder, il pouvait faire des observations et même des remontrances. A la fin, dans les grandes occasions, on avait raison de lui par un lit de justice. On n'alla pas jusqu'à ces extrémités pour la transformation des réunions de Conrart en Académie royale; mais le Parlement manifesta sa mauvaise humeur par un retard d'un an. Le cardinal fut obligé de faire entendre qu'il voulait être obéi.

On a cherché la cause de cette mauvaise volonté du Parlement. Il ne s'agissait pas de la création d'une cour souveraine, mais « de simples peseurs de syllabes et de jurés fabricateurs de mots », comme disaient les mauvais plaisants de l'époque.

Le Parlement, suivant Voltaire, craignit que l'Académie ne s'attribuât quelque juridiction sur la librairie, et ajouta cette clause aux lettres patentes du roi : « L'Académie ne connaîtra que de la langue française et des livres qu'elle aura faits ou qu'on exposera à son jugement. »

Je crois plutôt que le Parlement craignait pour l'autorité qu'il s'attribuait en matière religieuse et philosophique. La question des académies touchait à la question des écoles. La théologie était tout près ; plus l'autorité du Parlement était contestée en matière religieuse, plus il s'en montrait jaloux. Il obéissait dans toute cette affaire au même esprit qui inspira plus tard la réforme de l'Université par le président Rolland.

Le roi, et je parle ici de Louis XV autant que de Louis XIV et de Louis XIII, fut constamment pour les académies un bon maître, mais un maître. Les élections durent être soumises à son approbation ; c'est un droit qui a toujours été conservé au pouvoir public ; il existe encore aujourd'hui. Louis XIV l'exerça une fois dans une occasion très éclatante. Il voulait l'élection de Boileau ; l'Académie élut La Fontaine. Le roi refusa son approbation. L'Académie s'empressa d'élire Boileau à la première vacance. « A présent, dit le roi, vous pouvez procéder à la réception de La Fontaine. »

Le roi intervint aussi, mais bien rarement, dans les travaux de l'Académie. C'est lui, ou plutôt c'est Richelieu, auteur de la tragédie de

Mirame, qui prescrivit cet examen du *Cid* inventé pour exalter la gloire du cardinal et dont le résultat fut de montrer dans tout son éclat la gloire de Corneille. Voltaire, au siècle suivant, sous prétexte d'impartialité et en mêlant l'apothéose à la critique, essaya la même entreprise et aboutit au même résultat.

Les académiciens, un moment détournés de leurs travaux plus paisibles, revinrent au Dictionnaire. On ne manqua pas sous la Révolution de leur reprocher de n'avoir fait ni la Grammaire, ni la Poétique que le roi attendait d'eux et d'avoir mené trop lentement le travail du Dictionnaire.

L'Académie n'était pas si coupable qu'on le croyait. Des trois objets confiés à ses soins, elle avait choisi le Dictionnaire, qui rendait à la langue le double service d'en fixer les termes et d'en expliquer les règles par des exemples empruntés aux meilleurs écrivains.

Le Dictionnaire avançait lentement. Cette lenteur fait sa force. Les variantes qu'il enregistre ont toutes été jugées et consacrées par le temps, avant de recevoir cette confirmation officielle.

Le Dictionnaire est à lui seul toute l'Académie française. A notre langue essentiellement souple et vivante, qui exprime avec facilité les passions et les idées à mesure qu'elles se renouvellent et qui suffit, sans néologismes, à l'exposition et à la démonstration des découvertes scientifiques, il donne la solidité et la majesté des deux langues qui ont successivement incarné la Grèce et Rome.

Louis XIV voulait qu'il y eût une langue de Louis XIV comme il y avait une langue de Périclès et une langue d'Auguste, et il revendiquait pour lui-même l'honneur de cette pensée lorsqu'il disait : « Le soin des Lettres et des Beaux-Arts ayant toujours contribué à la splendeur des États, le feu roi, notre très honoré seigneur et père, ordonna, en 1635, l'établissement de l'Académie française pour porter la langue, l'éloquence et la poésie au point de perfection où elles sont enfin parvenues sous notre règne. »

Je n'ai garde d'insister ; je dis la pensée de Louis XIV et de ceux qu'on appelait dès lors les Quarante.

Notre admiration pour nos chefs-d'œuvre et notre langue ne nous empêche pas d'admirer la gloire des autres nations. Nous nous sommes associés au centenaire de Shakespeare. Gœthe, Schiller, Cervantès, sont populaires dans nos écoles. Nul n'entrera jamais sans une respectueuse et solennelle émotion dans la collégiale de Westminster, ou dans cette église de Santa-Croce à Florence où sont réunis, autour du cénotaphe du Dante, les tombeaux de Galilée, de Michel-Ange, de Machiavel, d'Alfieri, de Cherubini.

Le XVIIIe siècle reprochait toujours aux académies et surtout à l'Académie française — qui portait le poids des querelles parce qu'elle avait porté celui de la gloire et parce que le public pouvait plus facilement suivre ses travaux — d'avoir élu des hommes médiocres et d'avoir laissé en dehors d'elle des hommes de génie.

Je connais deux hommes de génie qui n'ont pas été de l'Académie française, Descartes et Molière. Rousseau, dont on prononce quelquefois le nom à propos des omissions de l'Académie, était citoyen de Genève.

Deux erreurs en un siècle et demi ! Les hommes se trompent ordinairement plus que cela. La plupart des ouvrages de Descartes sont écrits en latin. Le *Discours de la Méthode*, qui est un des grands monuments de la langue française, n'était connu que d'un petit nombre de savants et de philosophes. Le grand éclat de la renommée de Descartes n'a commencé qu'après sa mort, quand on a enfin compris qu'il avait émancipé la raison humaine. Molière avait contre lui sa profession ; on se rirait aujourd'hui, avec raison, d'un tel obstacle. C'était quelque chose sous Louis XIV. Messieurs les tapissiers valets de chambre du roi n'auraient plus voulu être de l'Académie. Je ne sais pas ce que Molière lui-même aurait pensé de son élection. On était alors conservateur du rang comme on l'est aujourd'hui de la propriété. Il fallut contraindre Catinat à se laisser faire maréchal de France.

Quant aux autres grands hommes dont la Convention regrettait si amèrement l'absence, ils appartenaient à la catégorie de ceux que nous appelions tout à l'heure des hommes distingués dans le genre médiocre. Ils étaient admirés, à juste titre, par leurs contemporains ; la postérité a le droit de choisir entre eux. Dufresny, Raynal, Helvétius sont des grands hommes dont on blâmait en 1793 l'omission, et dont on blâmerait aujourd'hui l'élection si l'Académie les avait élus.

De tous les griefs dirigés contre l'Académie, le plus fréquemment invoqué était sa courtisanerie envers le roi. C'était une compagnie de courtisans qui pouvait, en ce genre, donner des leçons à tous les Dangeau. N'est-ce pas elle qui avait mis au concours cette question : « Quelle est celle des vertus du roi qui mérite le plus d'être louée ? »

On était bien loin de ce style et de ces sentiments lorsque Grégoire, reprochant au « bon

Fénelon » d'avoir fait un traité sur la direction de la conscience d'un roi, ajoutait : « Comme si les rois avaient de la conscience ! Autant eût valu disserter sur la douceur des bêtes fauves. »

Le tort des hommes aveuglés par la passion est de vouloir toujours juger sans tenir compte des temps et des milieux. N'en déplaise aux niveleurs de 1793, l'esprit libéral qui s'était manifesté dans le sein de l'Académie au moment de sa création officielle subsista pendant toute sa durée. Il s'associait chez elle à une admiration pour le roi dont nous ne comprenons plus la nature. L'Académie voyait la France dans le roi. A cette époque de l'histoire, on n'était puissant qu'à condition d'être dépendant. Ce qui est indiscutable, c'est que les académies entourées d'honneurs par la monarchie étaient devenues peu à peu de véritables aristocraties. Elles avaient aux yeux des républicains le double défaut d'être des corporations, et des corporations privilégiées, très entichées de leurs privilèges. Un usage introduit par Colbert, ou plutôt par l'abbé Bignon, son neveu et son représentant dans le gouvernement des sociétés savantes, divisait les Académies des inscriptions, des sciences et des lettres en trois classes d'académiciens : les honoraires, les pensionnaires et les élèves ; ce qui constituait un privilège dans le privilège. Seule l'Académie française avait énergiquement refusé de subir l'affront de ce règlement.

L'Académie française avait toujours eu dans son sein, depuis sa création, des ducs, des maréchaux, des évêques, des magistrats de cours souveraines. Ces grands seigneurs apprenaient à traiter les gens de lettres comme des égaux ; mais, en même temps, les gens de lettres apprenaient à se croire grands seigneurs. Ils se donnaient des compliments les uns aux autres, pour s'exercer à leur fonction principale qui était d'encenser le roi et le ministre. Les compliments sont devenus nos discours de réception ; Voltaire n'était pas tendre pour eux : « Ce que j'entrevois dans ces beaux discours, dit-il, c'est que le récipiendaire ayant assuré que son prédécesseur était un grand homme, que le cardinal de Richelieu était un très grand homme, le chancelier Séguier un grand homme, le directeur lui répond la même chose, et ajoute que le récipiendaire pourrait bien aussi être une espèce de grand homme, et que pour lui, directeur, il n'en quitte pas sa part. » Et plus loin : « La nécessité de parler, l'embarras de n'avoir rien à dire et l'envie d'avoir de l'esprit sont trois choses capables de rendre ridicule même le plus grand homme. »

La Convention pouvait-elle souffrir l'existence d'un corps qui passait son temps à célébrer les vertus des rois, qui était lui-même un corps privilégié, et qui comptait dans son sein des membres investis d'un double privilège? C'était l'aristocratie de l'esprit, mais c'était une aristocratie. La Montagne et la Plaine étaient d'accord pour la renverser.

Il s'était pourtant passé vers le milieu du xviiie siècle un fait considérable qui aurait pu modifier les jugements des révolutionnaires.

Voltaire était entré à l'Académie. Les académiciens s'étaient vaillamment défendus. Voltaire fut refusé deux fois. Enfin, il entra : et dès ce jour l'Académie lui appartint. Il avait déjà son journal qui était l'*Encyclopédie*. L'*Encyclopédie* entra avec lui à l'Académie, qui fut ainsi transformée par anticipation en véritable Académie des sciences morales et politiques. Il y fit nommer successivement Duclos, d'Alembert, Marmontel, Condillac, Morellet. Il échoua pour Diderot. Il s'en plaint vivement, et avec raison du reste, car si Diderot n'est pas précisément un génie académique, c'est sans conteste un homme supérieur. Voltaire écrit à l'abbé d'Olivet :

« Tâchez, mon cher maître, de nous donner un véritable académicien à la place de l'abbé de Saint-Cyr et un savant à la place de l'abbé Salier. Pourquoi n'aurions-nous pas cette fois-ci M. Diderot ? Vous savez qu'il ne faut pas que l'Académie soit un séminaire et qu'elle ne doit pas être la Cour des pairs. Quelques ornements d'or à notre lyre sont convenables ; mais il faut que les cordes soient à boyau et qu'elles soient sonores. »

Voltaire n'était pas accoutumé aux échecs et avait pris sa revanche. Il avait le gros de son armée à l'Académie française, il avait à l'Académie des sciences Condorcet, d'Alembert, Fontenelle. L'Académie des inscriptions était plus résistante, mais il avait pénétré partout. Il était l'oracle des cercles de précieuses dont l'influence avait remplacé l'influence décroissante de la cour. Madame de Lambert, madame de Tencin, madame Du Deffand, mademoiselle de Lespinasse, madame Geoffrin, madame Du Châtelet recevaient ses inspirations. Il était l'ami (intermittent) du roi de Prusse, le correspondant (et le flatteur) de la grande Catherine. Il avait traité Corneille de haut ; il se croyait plus pathétique que Racine. En philosophie il tenait tête au clergé, tout en faisant ses pâques à Ferney et en dédiant au pape sa tragédie de *Mahomet*. Quand on le juge à présent, on ne peut s'empêcher de voir en lui un précurseur de la Révolution. Voltaire et toute l'armée qu'il commandait avaient, en effet, semé les idées révolutionnaires, mais ils avaient cru évoquer un génie ; et quand ils furent en face de lui (je parle des lieutenants de Voltaire, car il était mort en 1778), il leur sembla qu'ils avaient évoqué le diable.

Ils s'arrêtèrent en chemin, et devinrent, par cela même, les plus grands ennemis de leurs anciens amis. On pourrait ici parodier cette grande parole : « Il y a plus de joie dans le ciel pour un pécheur qui se repent... » et dire : « Il y a plus de colère dans l'armée révolutionnaire pour un ami qui s'arrête en chemin... »

Les académies, dont on oublia les services, eurent le sort des parlements et du clergé. Grégoire, dans un rapport ridiculement emphatique, proposa la suppression des académies, tout en demandant que « du milieu des décombres, le sanctuaire des arts, s'élevant sous les auspices de la liberté, présentât la réunion organisée de tous les savants et de tous les moyens de science ». « Après-demain, disait-il, la République française fera son entrée dans l'univers. En ce jour où le soleil n'éclairera qu'un peuple de frères, les regards ne doivent plus rencontrer sur le sol français d'institutions qui dérogent aux principes éternels que nous avons consacrés, et cependant quelques-unes, qui portent encore l'empreinte du despotisme ou dont l'organisation heurte l'égalité, avaient échappé à la règle générale : ce sont les académies. »

Deux ans après avoir congédié les académies avec cette politesse, la Convention faisait une grande, une très grande chose. Elle les rétablissait, et en les rétablissant, elle leur faisait subir une modification profonde. Le rêve d'une assemblée unique des savants et des artistes, des poètes et des philosophes, déjà conçu par la Constituante, devenait une réalité. Jamais la fraternité des lettres, des sciences et des arts n'avait été affirmée avec cet éclat. La nouvelle institution réunissait en un faisceau toutes les forces de la passion et de la pensée. Elle créait au-dessus de la société vulgaire, occupée des soins de la vie, une sorte de monde à part d'où sortiraient sans cesse pour éclairer l'humanité, pour la fortifier et la charmer, des vérités et des chefs-d'œuvre. L'Institut ne participerait pas au gouvernement, il ne serait pas chargé de l'enseignement. Son action serait d'une nature plus haute : elle s'exercerait par l'exemple. De même que le Dieu d'Aristote meut sans être mû et peut ignorer le monde auquel il donne la vie, il suffit aux savants et aux poètes d'être, et d'être connus. Leurs œuvres produisent le mouvement, et en même temps elles le règlent par l'admiration qu'elles inspirent.

Daunou parlant au nom de la Convention disait : « Nous avons emprunté de Talleyrand et de Condorcet le plan d'un Institut national, idée grande et majestueuse dont l'exécution doit effacer en splendeur toutes les académies des rois... Ce sera en quelque sorte l'abrégé du monde savant, le corps représentatif de la république des lettres, un temple national dont les portes toujours fermées à l'intrigue ne s'ouvriront qu'au bruit d'une juste renommée. »

Cette union majestueuse et féconde de tout ce qu'il y a d'éternel dans le sentiment et la pensée n'est pas la seule grandeur de l'institution nouvelle. Les académies jusque-là avaient été purement locales. Elles se recrutaient dans une seule ville et représentaient le mouvement scientifique ou littéraire de la ville où elles étaient nées. Mais l'Institut créé en 1795 pour remplacer les académies n'est pas un institut parisien, c'est un institut national, c'est l'Institut de France. La constitution de l'an III, dont la formule est fidèlement reproduite par la constitution de l'an VIII, le déclare en ces termes solennels : « Il y a pour toute la République un Institut national chargé de recueillir les découvertes, de perfectionner les arts et les sciences. »

Pourrais-je oublier, en présence de cette assemblée que la Convention nationale ouvrit les portes de son Institut non seulement à tous les Français, mais à tous les grands hommes quelle que fût leur origine ? De même que Louis XIV récompensait le génie à quelque nation qu'il appartînt, la Convention créa dans

18.

le sein de l'Institut l'ordre des associés étrangers, qui nous permet d'inscrire sur nos listes d'honneur Huyghens, Newton, Leibnitz, et plus près de nous Rossini et Meyerbeer.

L'œuvre de la Convention n'est donc pas la reproduction des anciennes académies déguisées sous des noms nouveaux et modifiées dans les détails secondaires de leur organisation. C'est bien une œuvre nouvelle. C'est une création, une puissante création. C'est l'Académie de France, représentant à la fois les lettres, les sciences et les arts. Elle contient les anciennes académies, mais les enfermant dans une synthèse nouvelle et forte. C'est notre droit et notre devoir, en ce jour de fête, d'adresser également nos hommages aux anciennes académies qui ont préparé l'Institut et à l'Institut qui contient et complète les anciennes académies.

L'œuvre de la Convention est assez belle pour que nous puissions avouer maintenant que l'Assemblée avait été moins heureuse dans les détails d'exécution que dans la conception première. Elle avait tout exagéré: sa propre autorité sur l'Institut et l'autorité de l'Institut sur les membres qui le composaient. Elle ne connaissait pas la liberté. Elle disait comme Louis XIV : « L'État, c'est moi, » et quand elle avait usurpé tous les pouvoirs, elle disait : « Nous voilà libres. »

La première faute de la Convention, en ceci comme en bien d'autres choses, fut son amour immodéré de la table rase. Elle avait supprimé les académies qu'elle pouvait modifier en les conservant. Elle supprima jusqu'à leurs noms dans la réorganisation qu'elle fit ensuite. On a dit d'elle avec vérité qu'elle avait peur des mots. Elle remplaça ces noms illustres par les appellations vulgaires de première, seconde, troisième classe, et ne réussit par ces changements qu'à voiler les traditions historiques. Elle effaça un autre nom qui aurait dû lui être particulièrement sacré. Ayant à placer la phylosophie dans la classe des sciences morales et politiques qu'elle organisait pour la première fois, elle remplaça ce nom, qui pouvait rappeler les croyances spiritualistes, par celui d'Analyse des sensations et des idées, qui ne rappelait que Condillac. Chaptal, qui déjà en 1801 reprochait à l'organisation de l'Institut « de s'être beaucoup trop écartée de ce que l'expérience avait montré de perfection dans la composition de nos anciennes académies », fit en 1803 un nouveau projet où il se montra plus équitable et plus habile que la Convention. Il proposait même de rétablir le nom des anciennes académies, dont la France s'honorait depuis plus d'un siècle, et qui étaient devenues le modèle des institutions savantes et littéraires formées successivement dans tous les États de l'Europe. Le Conseil d'État ne voulut pas y consentir. Il approuva le fond de la proposition mais il ne rendit pas leurs noms aux anciennes compagnies.

L'Académie des sciences morales et politiques, fondée pour la première fois en 1795, et qui formait la seconde classe de l'Institut, eut une courte existence. Le Premier Consul avait dit un jour à M. de Ségur : « Vous présidez la seconde classe de l'Institut ; je vous ordonne de lui dire que je ne veux pas qu'on parle de politique dans les séances. Si la classe désobéit, je la casserai comme un mauvais club. » Fidèle jusqu'au bout à son aversion pour ceux qu'il appelait les idéologues, quand il procéda à la réorganisation de l'Institut en 1803, il supprima la deuxième classe par prétérition en supprimant son nom et en répartissant ses membres dans les autres classes.

La première faute de la Convention fut donc de renoncer à des noms vénérables et à un passé illustre ; elle fit une seconde faute dans le mode d'élection qu'elle adopta. Les candidats furent présentés par la classe dans laquelle s'ouvrait une vacance, et l'Institut en corps fut chargé de choisir entre les candidats ainsi présentés. Jamais la compétence ne fut traitée avec un pareil mépris. Un comédien décidait de l'élection d'un mathématicien. Un peintre jugeait un philosophe. On reconnaît bien là une assemblée qui admettait les juifs au nombre des votants pour l'élection des évêques catholiques. L'élection par classe ou académie ne fut établie qu'en l'an XI, sur le rapport de Chaptal.

La Convention commit une troisième faute. Les deux premières avaient pour effet d'exagérer l'unité ; celle-ci exagérait et faussait le caractère national de l'Institut. C'était l'Institut de France : on voulut qu'à ce titre il fût composé par moitié de Parisiens et de provinciaux. Il aurait suffi de dire que les choix pouvaient se porter également sur les hommes du premier mérite, qu'ils eussent leur résidence à Paris ou ailleurs. Non. Il sembla plus radical de partager par moitié. Cela cessait même d'être juste, car Paris ne comptait que cinq cent mille habitants et la province en avait vingt-cinq millions. Et cela n'était pas raisonnable ; car un homme d'élite peut désirer le séjour de Paris à cause des bibliothèques, des musées, des amphithéâtres et de tous les autres moyens d'étude. On avait admis une section de l'art dramatique : trois comédiens parisiens, trois comédiens de province. Tout le monde sait que les grands comédiens peuvent se former en province, mais qu'ils ne peuvent y rester. Ils n'y trouvent ni les traditions, ni les écoles, ni les auxiliaires, ni le public dont ils ont besoin, ni les ressources matérielles. On en peut dire autant des érudits, des artistes. La règle de résidence était sévère alors; plus sévère qu'elle ne l'a été depuis. Un membre nommé pour représenter Paris et qui s'établissait définitivement en province était obligé de donner sa démission. Destutt de Tracy, qui habitait Auteuil, fut nommé membre non résident.

La plus grande erreur commise est peut-être le règlement intérieur des travaux imposé par décret organique.

Le gouvernement s'attribuait dans ce règlement le droit de requérir l'avis des classes de l'Institut. C'est surtout à l'Académie des sciences qu'il adressa ses réquisitions. Il la consulta sur les voitures couvertes destinées au transport des malades, sur le perfectionnement à apporter au régime des hôpitaux, sur le système monétaire, sur la manière d'accorder l'ère de la République avec l'ère vulgaire, sur un nouveau boulet, sur un taffetas huilé propre à faire des manteaux pour les troupes, sur l'idée de faire établir plusieurs rangées de canons sur un seul affût, sur la conservation des eaux potables à bord des navires, sur la conservation des biscuits et des légumes en mer. Il y avait aussi des questions pour les autres classes, même des questions philosophiques, ce qui tendait à faire une doctrine d'État. Rien n'est plus contraire à la philosophie et à la vraie politique, et rien ne peut nuire davantage aux progrès de la science et à l'éclat des académies. Dans un corps littéraire bien organisé, l'autorité de chaque membre s'accroît de celle de la compagnie, mais à condition qu'il n'en résulte aucune ingérence de l'académie ni des gouvernements sur le travail individuel. Quand le général Cavaignac, pour réfuter les socialistes de 1848, demanda à l'Académie des sciences morales et politiques des petits livres populaires, l'Académie échoua, il faut le dire résolument, quoiqu'elle se fût adressée aux plus grands noms de la science. Un grand esprit ne se retrouve pas dans un travail fait sur commande : il faut au génie l'air de la liberté.

Ce droit de réquisition n'était pas seulement attribué au gouvernement, il appartenait aussi au public. Tout auteur pouvait exiger une analyse de son livre, tout inventeur un examen de sa découverte. Ainsi les académiciens n'étaient plus maîtres de leur temps. Je ne m'étonne plus qu'on leur eût attribué deux costumes : un costume de cérémonie et un costume de travail. On ne voyait pas qu'assujettis au service de tout le monde, il ne leur restait plus de temps pour le service de la science.

Je ne veux pas tout énumérer. Je citerai pourtant la suppression des secrétaires perpétuels, remplacés par deux secrétaires semestriels : c'était ôter aux académies leur unité, leur vie. Chaptal, en 1801, parlant des anciennes académies, disait :

« Le même homme suivait tous les détails de l'Académie, en devenait l'historien, et attachait d'une manière toute particulière la

19

gloire de son nom à celle du corps dont il était l'organe ; il y avait plus de suite dans l'administration, plus de célérité dans l'exécution, plus d'ordre dans la marche, et on ne peut pas nier que le rétablissement d'un secrétaire perpétuel pour chaque classe de l'Institut, en rouvrant une carrière qui présente tant de grands hommes pour modèles, ne contribuât à la gloire de ce corps et aux progrès des sciences. »

Et plus tard, en 1803, il revenait à la charge :

« Le rétablissement de ces places, disait-il en parlant des secrétaires perpétuels, fera renaître une branche d'éloquence très négligée depuis dix ans et donnera aux travaux académiques cet esprit de suite, cet enchaînement de faits et de pensées qui, seuls, peuvent fixer l'époque des découvertes et tracer avec exactitude l'histoire des connaissances humaines. »

Tout en déclarant qu'elle renonçait au passé académique, la Convention, par la force même des choses, avait conservé à son Institut tous les avantages dont avaient joui les anciennes académies. Elle maintenait la reconnaissance de l'Institut par l'État et l'intervention de l'État dans les règlements intérieurs de l'Institut. Elle laissait à l'Institut le local des académies, la bibliothèque, la participation à la nomination des professeurs dans les grands établissements littéraires et scientifiques. L'Institut a conservé cette prérogative et présente encore aujourd'hui des candidats pour le Collège de France, le Muséum, l'Académie de Rome, les Écoles de Rome et d'Athènes, l'École des chartes, l'École des langues orientales vivantes, le Conservatoire des arts et métiers, l'Observatoire, l'École polytechnique. Il a conservé les impressions gratuites et les prix connus sous le nom de prix du budget, auxquels s'ajoutent à présent des prix fondés par l'initiative privée, dont le chiffre annuel n'est pas inférieur à cinq cent vingt-quatre mille cinq cent francs

Le 29 messidor au IV, la Convention donnait aux membres une indemnité annuelle de sept

cent cinquante myriagrammes de froment, et le
19 thermidor suivant, elle décidait que « sur
cette indemnité, il serait distrait à l'égard de
chacun des membres une somme égale à la
valeur de cent cinquante myriagrammes de froment, pour être répartie par forme de droit
de présence entre les assistants aux séances,
tant générales que particulières, de chaque
classe ».

En 1803, sur le rapport de Chaptal, on
permit aux membres de l'Institut d'être de
plusieurs académies à la fois, et par conséquent de réunir plusieurs indemnités. « C'est,
dit Chaptal, le moyen d'ouvrir aux hommes
distingués plusieurs routes à la gloire et à l'aisance, et par conséquent le moyen de multi-
plier et d'agrandir les talents. »

Le droit de cumuler les académies subsiste,
mais on a enlevé celui de cumuler les indemnités. Nous en sommes restés aux sept cent
cinquante myriagrammes.

Ceux d'entre nous qui font partie de plusieurs académies ne touchent l'indemnité qu'une

seule fois. Nous nous vantons de n'être pas riches.

Les membres de l'Institut, quand on fixait à sept cent cinquante myriagrammes de froment, c'est-à-dire pour parler en langage intelligible, à mille cinq cent francs, l'indemnité qui devait les délivrer de tous les soucis de la vie, n'imaginaient pas dans leurs rêves les plus ambitieux qu'ils auraient un jour à eux l'un des plus beaux palais du monde, avec une galerie de tableaux, une bibliothèque créée d'une seule venue par un grand écrivain doublé d'un érudit consommé, des bois, des eaux, et tout un monde de beaux souvenirs.

Peut-être est-il bon de rappeler ici, pour expliquer à la fois notre richesse et notre pauvreté, que tous les dons faits à l'Institut sont faits à la science ou aux pauvres. Les membres de l'Institut n'en profitent jamais. Une nouvelle donation n'est pour eux qu'un surcroît de travail. L'empereur Napoléon III voulut un jour élever à cinq mille francs l'indemnité annuelle de mille cinq cent francs, ce qui faisait une quantité de froment fort respectable. L'Institut, consulté, exprima sa reconnaissance, et refusa.

On a dit quelquefois que tous les efforts de la Révolution pour transformer les académies n'avaient été qu'une illusion. Le 8 août 1793, on les supprime ; le 24 octobre 1795, on les remplace par l'Institut. On s'aperçoit sur-le-champ que cet Institut, à force d'être nouveau, n'est pas viable. Dès 1803 on commence à le réformer ; les réformes se multiplient d'année en année, et à quoi aboutissent-elles ? A supprimer la plupart des innovations, à refaire les anciennes académies et même en 1816, à leur rendre leur nom.

Ceux qui parlent ainsi ne voient pas qu'il reste à la Révolution la gloire d'avoir établi un lien étroit entre les académies, d'avoir compris la solidarité des lettres, des sciences et des arts, d'avoir mis les académies en communication plus intime avec le public et de leur avoir donné de nouveaux et sérieux moyens d'influence.

Des anciennes compagnies, des remaniements opérés sur les nouvelles est résulté l'Institut actuel, où la protection de l'État n'exclut pas la liberté des membres, où chacun répond seul de sa doctrine, où la solidarité d'honneur qui unit tous les membres rend impossibles les excentricités, où tous les travaux tendent à la manifestation de la vérité et aux triomphes de l'art, où tous les membres rassemblés sans être confondus se prêtent une mutuelle assistance sans jamais tomber dans la confusion; un corps enfin qui réunit dans une juste proportion l'autorité et la liberté, et qui mérite d'être proposé comme modèle à toutes les nations civilisées.

J'ose ajouter, messieurs, que votre présence ici, celle du chef respecté de l'État, et l'éclat qui en résulte vont donner à l'Institut national de France une consécration nouvelle.

Le monde assiste depuis vingt-cinq ans à un singulier spectacle. D'une part les gouvernements multiplient avec une sorte de rage les préparatifs de guerre. Ils construisent des forteresses, ils coulent des canons, ils emplissent les arsenaux de projectiles ; ils jettent dans ce gouffre des milliards ; ils imposent le service militaire dans l'armée active à tous les jeunes gens sans exception, au point de vider les écoles, de désorganiser les services publics et particuliers, d'ôter à l'agriculture et à l'industrie les bras dont elles ont besoin. Ils retiennent les citoyens dans les liens du service militaire jusqu'à quarante-cinq ans. Il semble que la bataille doive se livrer demain.

En même temps, tous les philosophes, tous les publicistes, les hommes d'État, les souverains eux-mêmes protestent à grands cris de leur horreur pour la guerre. Ils veulent la paix, il la leur faut pour rendre au travail la sécurité, à l'intelligence ses droits et à l'année son printemps. On fonde de toutes parts des ligues pour la paix, on assemble des congrès pour protester contre la paix armée, plus ruineuse et plus meurtrière que la guerre.

Hélas ! ces congrès n'apportent que des vœux. C'est beaucoup et ce n'est rien. Ils apportent des vœux ; je n'ose pas dire qu'ils apportent des espérances.

Ce qu'il faut à l'humanité, ce ne sont pas des paroles, ce ne sont pas des soupirs, ce sont des actes. Ce qui fera renaître la fraternité entre les hommes, ce sont de grands travaux faits en commun, de grands services rendus à l'humanité.

Le voilà devant vos yeux, le congrès de la paix ! Voilà le congrès où la vérité est aimée pour elle-même, quel que soit le pays où elle éclate, où la poésie est adorée dans toutes les langues, où les grandes découvertes excitent le même enthousiasme, quelle que soit leur origine, et où l'on ne connaît d'autre émulation que celle de bien faire. La patrie de l'éternelle vérité et de l'éternelle beauté est aussi la patrie de la paix.

Associés et correspondants de l'Institut de France, vous n'emporterez pas seulement d'ici le souvenir des chaleureuses sympathies qui vous ont accueillis. Nous emporterons tous, de cette réunion fraternelle, un redoublement d'amour pour la paix, pour les sciences qui la fécondent et pour les arts qui l'embellissent ; et nous travaillerons, chacun dans notre coin préféré de l'atelier universel, à la prospérité de la maison, c'est-à-dire au bonheur de l'humanité.

FIN

TABLE

IMPRIMERIE CHAIX, RUE BERGÈRE, 20, PARIS. — 21566-11-05. — (Encre Lorilleux).

9 782019 951696